改訂版

子どもが生き生きする学校図書館づくり

渡辺暢恵・著

黎明書房

はじめに

「図書室が進化した！」

これは中学校の学校図書館で2年生がつぶやいた言葉です。学校図書館に作ってあった音楽情報コーナーや展示を見ていってくれました。進化した学校図書館は来る子が増えて貸し出しも伸びます。「読書離れ」という言葉はなくなるのです。この本にはそんな学校図書館を作るコツを書きました。

今，学校教育は変わりつつあります。その中で注目されることの1つは，2003年から実施された「学級数が12以上の学校には学校図書館司書教諭（司書教諭）を置く」という学校図書館法の改正です。このニュースが伝わったとき，「いよいよ図書館教育の夜明け，司書のいる生きた学校図書館ができる」と関係者は喜びました。

ところが，時間がたつにつれ，どうもそれは理想とは違うものであるらしいとわかってきました。地域によって対応が多少異なりますが，学校図書館司書教諭の資格がある先生を各学校に確保し，今までの図書主任の名前が変わるだけです。しかも，12学級以上。といっても今は少子化が進んでいますから11学級以下の学校はたくさんあります。

それでも，学校図書館は重要だということは認められつつあり，市町村によっては臨時採用で学校司書を学校図書館に置いています。もう何年も正規の学校司書という立場の人が学校図書館に入って，すばらしい実践を積んでいる学校もたくさんあります。臨時の学校司書でも，あるいは図書主任だけでも成果をあげてがんばっている人もいます。そういう学校は本当に幸せです。子どもは本を読むのが日常のことになって，先生も学校図書館を活用した授業を実践しています。

整備されていない学校図書館の学校に入った子はどうなるのでしょうか。「運が悪かった」ではすまされません。学校司書を置いていない学校図書館は物置きのようになっていることも珍しくありません。広いからと会議室にのみ使われている学校もあります。こういう実態は誰もが知っていますが，調査などではわかりません。使いものにならないほこりだらけの本の冊数だけ数えて「子どもの人数に対して冊数が満足にある」などといっているのですから。では，どうすればいいのでしょう？　誰かが学校図書館を立て直さなければいけません。すでに学校司書が入って本の整理まではできた学校なら，次に，本当に使えるようにしなければいけません。学校図書館は教育に生かしてこそ，その目的を達成します。また心のオアシスとしても求められています。学校司書が配置されない学校では保護者などのボランティアも求められます。学校司書が配置されている学校でもボランテ

ィアの手助けがあれば，さらによくなります。

　本書は，図書主任として2校，学校司書として小学校7校，中学校2校（複数を兼任）ボランティアとして3校の学校図書館を先生方や児童・生徒，保護者ボランティアと協力して作った経験を基に書きました。現在筆者は，大学で司書教諭についての講義をしながら，依頼された市町や学校での学校図書館づくりを支援し，よりよい実践を研究しています。司書教諭，学校司書，図書ボランティア，図書委員など，学校図書館にかかわる方すべてに使っていただける内容です。学校図書館法改正から10年以上たちましたが，まだ整備の立ち遅れている学校，学習に使われない貸本屋的な学校図書館から脱していない学校もあります。どうか，この本を1つの参考に，児童・生徒・先生方のために本当に役立つ学校図書館を作ってください。

●解説 学校図書館運営にかかわる「人」

＊学校図書館司書教諭（教師）

　2003年より，12学級以上の学校に置くことになりました。この資格は以前からありましたが，資格がある先生が図書主任になるとは限りませんし，逆に図書主任でも資格を持っている人はあまりいませんでした。現在は，以前より簡単にこの資格が取れるようになりました。

　しかし，学校図書館司書教諭になっても，学校図書館専属ではありません。他に教科やクラスを持っていますから，多少詳しい人が校内にいるだけで，あいかわらず学校図書館は無人ということになりかねません。学校図書館司書教諭は，学校司書，ボランティア職員，図書委員の力を借りて学校図書館をコーディネートしていってください。※「学校図書館司書教諭」は，本文では「司書教諭」とします。

＊学校司書

　学校図書館専属で置かれている人です。事務職として採用されて学校図書館担当になっている人もいます。学校司書として市で採用されている場合もあります。学校司書のいる学校はとても恵まれています。常時学校図書館に「人」がいるのは何よりですから。

　最近では，市の臨時職員としてこの立場の人を学校に置くところが出てきました。学校図書館指導員，読書指導員，図書指導員など職名は様々です。週に数日，1日5時間など不安定な立場ですが，がんばっている人がたくさんいます。

＊図書主任（教師）

　学校内の校務分掌で決まります。必ず各学校に1人はいます。しかし，他にも校務分掌があって，教科，クラスを担当していて手が回らなかったりというのが現実です。

　学校図書館司書教諭，学校司書のどちらも置かれない学校は，図書主任に責任がかかってきます。ボランティアの活用なども考えてください。図書担当の先生が補助としてここに何人か

はじめに

加わっている学校もあります。

＊学校図書館ボランティア

　その学校の保護者や，地域の有志が無償で学校図書館の手伝いをします。学校図書館の環境作り，本の修理，貸し出し，読み聞かせなど，活動はその学校によって違います。学校経営の組織の一員という自覚を持って学校図書館司書教諭に協力していってください。

学校図書館に関わる「人」の置かれ方
- ①　学校図書館司書教諭　＋　図書主任　＋　学校司書　＋　図書館ボランティア
    （一番，恵まれている学校です）
- ②　図書主任または司書教諭　＋　学校司書　＋　図書館ボランティア
- ③　学校図書館司書教諭　＋　学校司書
- ④　図書主任　＋　学校司書
- ⑤　学校図書館司書教諭　＋　図書館ボランティア
- ⑥　図書主任　＋　図書館ボランティア
- ⑦　学校図書館司書教諭のみ
- ⑧　図書主任のみ

　さて，あなたの学校はどのパターンですか？　番号が上になるほど，学校図書館が活用されていきます。学校司書がいるかどうかが，大きな分かれ目になります。たとえ週に1日でも，また1日のわずかな時間でも配置されていると学校図書館は大きく変わります。学校図書館は学校の教育目標に照らして子どもを育てていく学習の場であり，児童・生徒全員が読書力や情報リテラシーを身につけるためにあります。

　学校図書館は教育課程に寄与する（学校図書館法第2条）場です。学校司書の方は，各教科について理解を深め，学校図書館での授業を積極的に支援してください。立ち話でいいので，各先生と次の学校図書館での授業の打ち合わせをしてください。

　司書教諭は，有資格者として時間を工夫して学校図書館が授業で活用されるようにコーディネートしてください。司書教諭としての時間をもらっている方は，校内全体の計画を立て，T・Tで学校図書館を活用した授業を支援するなどしてください。

　ボランティアの方は，司書教諭や学校司書とよく相談をして，ボランティアならではのきめ細やかな力添えをよろしくお願いします。

2008年3月

渡辺暢恵

目　次

はじめに　*1*

1章　古い学校図書館の立て直し　*7*

1　学校図書館の本棚，机，テーブルの位置　*8*
2　不要な物の追い出し　*9*
3　本の廃棄　*10*
4　本の並べ直し　*13*
5　さがしたい本はどこ？　*16*
6　本の管理　*17*
7　必要な掲示物　*18*
8　これがあったら便利　*19*
9　くつろげる雰囲気作り　*21*

2章　図書資料の充実をはかる　*25*

1　蔵書構成と購入する本　0類から9類　*25*
2　先生方，子どもたちからの購入希望　*31*
3　担当者が使う本　*32*
4　情報集まれ！　*33*
5　図書費を有効に使う工夫　*36*

3章　学習に生かす学校図書館　*40*

1　授業での使われ方，3つの段階　*40*

2　授業者と図書担当者（図書主任・司書教諭・学校司書）の連携体制　*42*

　　3　本を使う技能　*44*

　　4　本を使った学習　*46*

　　5　学校司書が協力した実践例　*47*

4章　本を読む子を育てる学校図書館　*59*

　　1　子どもは本が好き　*59*

　　2　学校図書館のルール　*60*

　　3　本の予約とリクエスト　*61*

　　4　読書の時間は学校図書館で　*61*

　　5　読書の時間の作り方　*62*

　　6　大切な読書の時間　*64*

　　7　子どもと本の出会い作り　*66*

5章　読書の時間の実践例1年間　*70*

　　①　小学校1年生の実践　*70*

　　②　小学校2年生の実践　*76*

　　③　小学校3年生の実践　*78*

　　④　小学校4年生の実践　*81*

　　⑤　小学校5年生の実践　*83*

　　⑥　小学校6年生の実践　*85*

　　⑦　中学校の実践　*87*

6章　学校図書館を作る協力者　*91*

　　1　図書委員会を生かす　*91*

　　2　図書委員会の活動計画　*93*

　　3　図書委員会の日常活動　*95*

  4 図書委員会による企画・宣伝 *96*
  5 図書委員会主催の集会活動 *100*
  6 ボランティアの協力 *101*

7章 校内・家庭・地域とつながる学校図書館 *106*

  1 校内の人と連携する工夫 *106*
  2 図書館だよりで活動紹介 *107*
  3 先生方との協力体制作り *111*
  4 保護者と学校図書館 *112*
  5 公共図書館と学校図書館 *113*

8章 1人1人を大切にする学校図書館 *116*

  1 心を休めに来る子どもたち *116*
  2 子どもたちとのふれあい *117*
  3 清掃指導も学校図書館の活動 *120*
  4 困った行動をする子 *121*
  5 先生1人1人に向ける心 *122*

9章 学校図書館とコンピュータ *124*

  1 学校図書館でのコンピュータ利用 *124*
  2 多メディアの活用 *130*

掲出図書一覧 *134*
索引 *139*
おわりに *141*

1章

古い学校図書館の立て直し

　この章では、分類のよくされていない、ただ本を並べただけの手つかずの学校図書館をどうするかということについて書きます。この段階が終わっている学校は、次の章からどうぞ。

　古い学校図書館といっても様々です。開校以来ほとんど手が入っていなくて、背文字も読めないほこりのたまった本の並んでいる学校、どうも何年か前に熱心な先生がいたようで、本の修理などしてあるけれども、それが緑や紺の背表紙に黒マジックで書名をなぞってあるのでかえって暗くなっている学校など。そういう中にところどころ新しい本がセットで入っていたりしますが、新しい本のエネルギーが古い本に吸い取られています。

　学校図書館というより、本が並んでいるだけの部屋です。そして、管理もよくされていませんから紛失も多くあります。利用する子どもの姿もあまりありません。たまり場になるからと鍵をかけている学校もあります。とにかく生き生きとした学校図書館ではなく、病気の学校図書館です。たいていはそれが異常な事態だということに気づかないほど、長い年月がたっています。

　けれども、利用者の立場に立って変えた学校図書館は、日に日に生気が出てきて子どもたちが利用するようになるので、先生方は目をまるくします。「こういう学校図書館ができるんですか？」と驚かれます。ここに、学習に理解のある学校司書や司書教諭がいればレファレンス（照会）サービスや助言が充実するので、授業で使う際にも一段とレベルアップします。

1 学校図書館の本棚，机，テーブルの位置

　学校図書館には3つの役目があります。

① **学習を支援する**：調べ学習など学習内容を深める資料を提供します。すべての教科と学校図書館はつながっています。

② **読書を通して心を豊かにする**：本を読んだ感動を大切にさせたいものです。学校図書館は読める力を養う場でもあります。

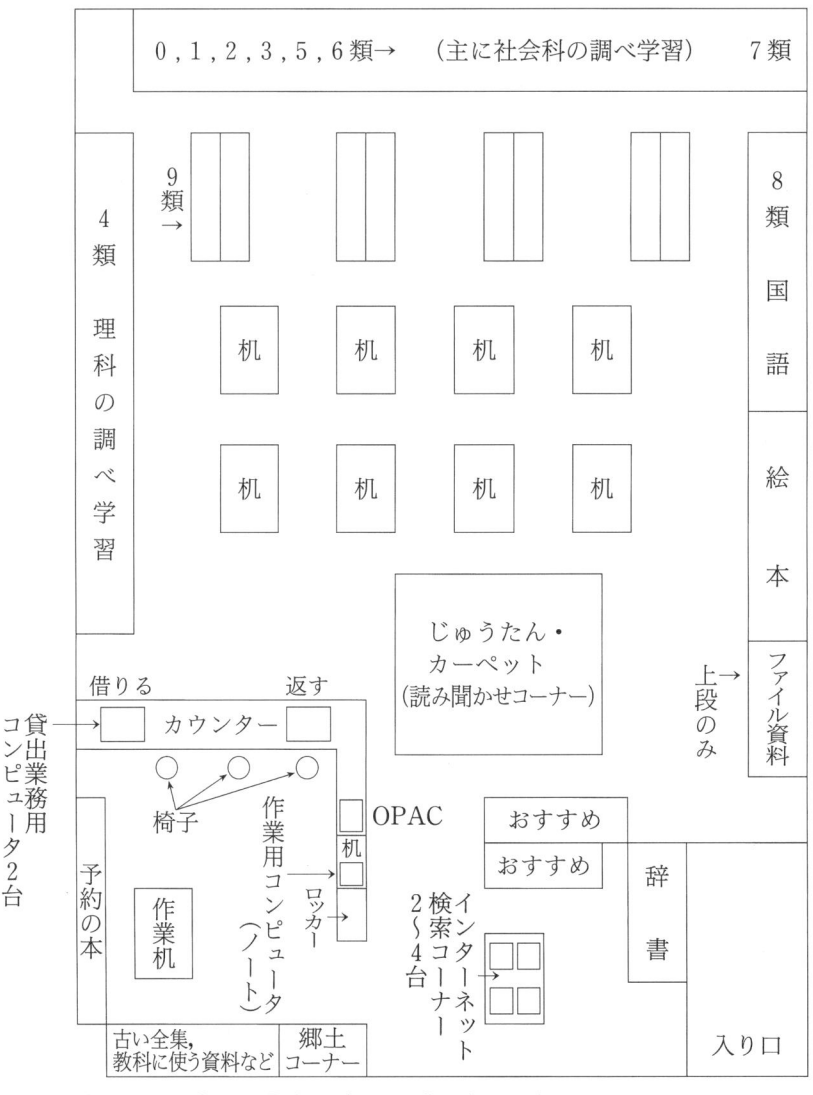

レイアウト　小学校の例
（分類の基本は十進分類法で，ところどころテーマ別）

　※ OPACは，Online Public Access Catalog の略。
　　カード目録から，コンピュータでの蔵書検索に代わってきています。

③ ほっとくつろげる場の提供：子どもたちはとても忙しいです。学校図書館でゆったりとできて本に触れることで、心がいやされます。さらに、学校司書がいればおしゃべりをしたりする中で読書のきっかけもできます。

　学校図書館を作るにあたって、この3つを実現するレイアウトを考えます。

　読書用のテーブルは、いくつも合わせて大きな会議用の机のようになっているよりも、1つずつ離して、できれば向きも変化を持たせると、雰囲気がやわらかくなります。椅子は40は確保します。学校図書館にじゅうたんや畳など、くつを脱げる場があると低学年の子が座ります。できれば、クラス全員が座れる広さがあると便利です。遠足のレジャーシート、ごっこ遊びのおうちという感覚です。学校司書の机から近いところで、ちょっと本棚のかげになるようなコーナーがあると喜ばれます。

　学校図書館は休み時間や放課後に行きたい子が利用するだけではなく、学習に使う場ですから、授業で全員が使えるようにします。ですから、教師が全員を見渡せるようにテーブルを置いてください。

　学校図書館に入ったら、一番はじめに目につくあたりに、展示コーナーにできる本棚を作ってあけておきます。あるいは、テーブルなどを置いても。月ごとに季節や行事にちなんだ本を紹介します。図書委員のおすすめの本コーナーというのも人気が出ます。

　また、たいていの学校にカウンターがあります。カウンター内が司書室のようになっている学校もあります。学校司書がいる場合はここに専用の机を置いてください。学校司書は絶えず本を読み、作業をしますから机が必要です。スペースがあれば、さらに作業台があると図書委員がポスターや本の紹介や新聞を書いたり、プレゼントを作ったりできます。

　カウンター内を広くとれない学校図書館でも、ロッカーや棚を使ってわずかでも専用スペースを確保してください。ステージと舞台裏の関係に似ています。できれば、すぐそばに司書室、なければ空き教室でも確保してください。廃棄候補の本、古いけれども使える本などをわかるように保管しておきます。すべての本を学校図書館に並べておかなくてよいのです。必要に応じて出せるように、しまっておくのも工夫の1つです。

2　不要な物の追い出し

　ある朝、学校図書館に行ってみると前日のバトンクラブの道具が置いてありました。「来週まで置かせてください」とのことです。かと思うとテストの山が置いてあったりもします。「教室に置けないので」です。使わない教科書が山と積まれていることもありました。学校図書館が倉庫のように勘違いされていた時期がありました。

　こういう極端な例はまれですが、よく見ると学校図書館にはいらないものがたくさんあります。本を入れていた段ボールの箱や以前の図書委員が作ったもの、不明なファイル、

出なくなった油性ペンなどなど。壁には以前の掲示物。画用紙に書いた掲示物の寿命は，1年です。紙などで丁寧に作ったものでも2年間が限度です。ずっと飾るものなら，ステンドグラスやモザイクなど保存可能なものにしてください。去年の掲示物は取り替えるので全部はがします。記録やこれからの参考にするのでしたら，誰が見てもわかるようにしまっておきます。

　見落としがちなのが，司書室，司書コーナーにある子どもがさわらない棚です。この中には創立〇周年の記念冊子がごっそり入っていたり，市や県から出される冊子がつまっていたりします。以前の教科書，文集などもあります。こういうものは，誰もさわらずに，場所をとるだけです。それらを使えるものと使わないものに分けて処分します。例えば創立記念冊子は同じものを40冊ぐらいはとっておきます。小学校3年生で学校の歴史を勉強しますから，その資料になります。市や県の冊子は農林水産業，工業，水道，電気，防災，税金，環境問題など色々あります。これらは高学年の社会のどこかで使えます。しかし，あまり古いと資料にはなりませんから，何年前のものか見てください。

　こうやって分けても，それがあるというのが授業をする先生に伝わらないと紙くずと同じです。どんな資料があるかを伝える工夫が必要です。図書担当者は，保管している資料をまず自分自身が把握して，子どもたちが調べに来たり，職員室で話題になるのを見て，担任の先生に渡すように心がけてください。

　他に，いらないものの1つに暗幕があります。なぜか学校図書館によくかかっています。視聴覚室や理科室にもありますし，今はビデオ，DVDが手軽に使えるので，なくても支障がありません。なくしたら，学校図書館がぐっと明るくなりました。本に陽があたる学校図書館でしたら，カーテンはかけましょう。最近は空き教室がふえていますから，カーテンはどこかに余っています。暗幕はまた使えるようにきちんと箱にとっておきます。

　さて，こうやって不要なものを追い出すと空間ができます。すっきりとしてきます。ここまでの作業は，図書委員，先生方に協力してもらってください。単に労働力として協力してもらうというだけではありません。みんなで学校図書館を作っていこうという気持ちができてきます。整理をしながら，先生方も学校図書館にある資料が把握できます。

3　本の廃棄

①　本の廃棄と配架作業で必要なもの

本の廃棄と配架作業には次のものが必要です。
◇ボツボツのついた軍手
◇ハンドクリーム

◇うがい用のコップ

◇目の細かいマスク

◇頭を覆うもの

◇年齢の高い方は肩こり，腰痛をやわらげる塗り薬

　軍手があると手が汚れないだけではなく，本が一度にたくさんつかめます。ボツボツがついているとさらにつかみやすいです。素手でやっていたら，腱鞘炎（けんしょうえん）になりましたので，気をつけてください。それでも手は荒れますから，ハンドクリームを塗りましょう。

　古い本には大量のチリがついています。この作業が原因で喘息気味になってしまった人もいます。マスクの着用をおすすめします。頭を覆うのはほこりがふってくるためです。肩，腰が痛くなったら，早めにお手当を。

　廃棄については，学校図書館協議会が1993年に規準を出しています。一番廃棄しなければいけないのは地理，社会に関する本です。ソ連や東・西ドイツの本があったりします。私個人の意見では，さわって手が汚れる本は廃棄候補です。ただ，みんなで一度に使う図鑑類は多少，古くても背をきれいにしておきます。家に持ち帰って読むような本はできるだけきれいな本が理想です。夜，寝る前にベッドや布団に持って入れるように。

　コンピュータ管理になっている学校はマニュアルどおりに廃棄手続きをします。台帳のみで管理している学校は，番号を照らし合わせて，廃棄した日にちを記入しておきます。目録カードがある場合は抜いてください。その本がまた学校図書館に戻ってくると困るので，どこかに「廃棄」と書き，本のバーコードは油性フェルトペンで塗りつぶすなどして使えないようにします。本の処分のしかたは管理職に相談してください。

　子どもの立場になれば，読まない汚い本などなんの価値もないので廃棄が一番いいのですが，公共の予算があって買っているものですから，一度にたくさん処分できない場合もあります。その場合は計画的に捨てられるようにダンボールなどに入れて来年まで置いておきます。司書室，空き教室，戸のついている棚などに一時，入れておいてください。

　学校図書館でほこりだめになりやすいのは全集です。世界文学，作家の全集，ファーブル昆虫記など。見た目は廃棄候補です。布製で背文字も読めず，暗い一角を作っています。こういう本は，カウンターや司書室のあいた本棚などに入れておきます。資料として見るときのために保管しておくと1年に何度か出番があります。

　例えば，新美南吉全集は4年生が国語で『ごんぎつね』を学習するときに紹介できます。昆虫や生きものの説明文の学習の後や夏休み前などにファーブル昆虫記を出してください。中はたいていきれいですから，紹介すると何人か読みます。多少汚れが目立つ本でも利用方法を考えてください。こうして汚い本をなくしていくと，見違えるほどきれいになります。

②　本の修理

　しかし，そうそう図書の予算もないし，一度に捨てると本が足りなくなる場合は，できるだけきれいにして並べてください。本の背は，手にとるかどうか決める大切な部分です。背がこわれている本は補強して製本テープをはります。製本テープは濃い色にするとめだちすぎます。白や淡い色にするとめだちません（ニチバンのパステルカラーがおすすめ）。文字はキングジムの「テプラ（＝ラベルライター）」で打ってはるのが，いろいろな方法の中で一番きれいに仕上がります。背文字だけが消えている本も同様にテプラで打ってはってください。油性フェルトペンでなぞると，どうしても古い本のようになります。作者名もテプラで打ってはります。ラベルもはりかえて「ブッカー（＝コーティングフィルム，日本ブッカーの商品）」をはってできあがりです。本全体にブッカーをかけなくても，背のところだけでもはっておくと見ためがきれいですし，丈夫になります。

　ラベルは学校によって類ごとに色を変えている場合もあるので確認してからはってください。ラベルには油性の極細フェルトペンが適しています。水性だと色があせやすいです。ラベルは下からの高さを統一してはります。作者名が隠れないようになるべく下のほうにはります。下から1センチくらいが適当です。3段のラベルではなく，細いラベルで十分ですが，大きなラベルがついていると「これは学校の本」とわかるので返却忘れ防止になります。作者名がわかるように，できるだけたてに幅をとらない細いラベルが理想です。

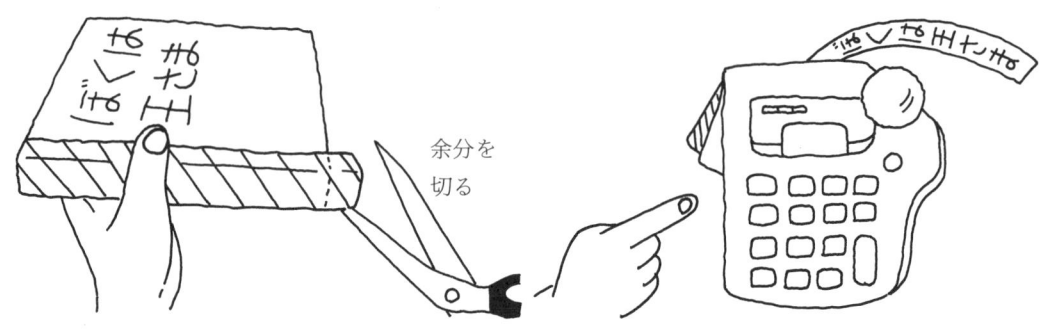

① 薄い色の製本テープでくるむ　　　② テプラで文字を打つ

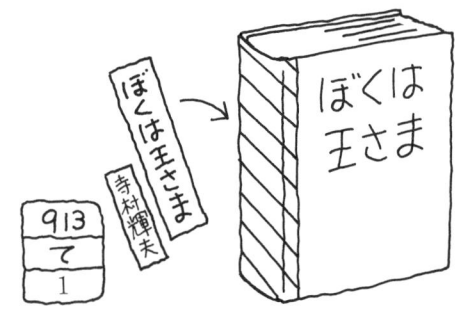

③ テプラで打った書名，著作名とラベルをはる

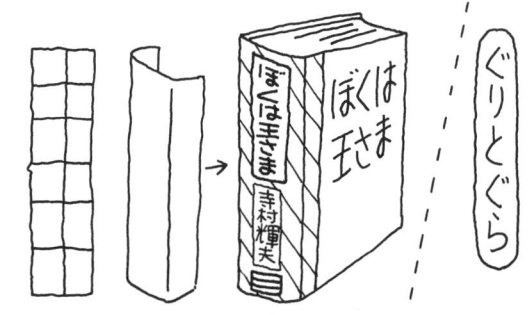

④ ブッカー（Bコート）で背をくるむ
＊絵本は角を丸く切るとかわいく仕上がる

4　本の並べ直し

　本は日本十進分類法で並べたほうが、あとあと便利です。もう1つの分け方に、教科別があります。

　教科別にするとむずかしいのは、どの教科に入れるかが個人の判断になってしまう点です。学校は職員の移動がありますから、誰が担当しても同じようにやっていける方法をとらなければいけません。それには十進分類法のほうが便利です。

　ここで、力説したいのは**本は校内に分散して置かないで**ということです。「本はたくさんあるし、子どもが減っているから教室は余っている。では、第二学校図書館を作りましょう」となりがちですが、もし設ける場合は、分ける基準をはっきりさせ（例えば0～8類の部屋と9類の部屋、郷土資料の本など）、なるべく近い位置にしてください。お勧めできない本の分け方に次のような例があります。

・学校図書館の本のほとんどを校内に学年別に分散して置く。
・分ける基準なく、離れた場所に低学年用学校図書館を作る。
・司書教諭、学校司書の判断で、調べる本と読む本を分散して置く。

　もしこれらをすでにしている学校がありましたら、よく子どもの動きを見てください。子どもの立場になってみてください。ずっと学校図書館にいる学校司書ならこれらの弊害がわかっていると思います。

　低学年と高学年というのは大人が決めたものです。学年は区切れても発達年齢は区切れません。高学年でも文字の大きい本のほうがいい子もいますし、低学年でもむずかしい本に挑戦できる子もいます。

　おそらく低学年用には絵本が多くなると思いますが、絵本は小さい子のためだけにあるものではありません。豊かな色彩、格調高い文章、底辺に流れる作者の願い、こういうものは高学年になってさらにわかってきます。大人も感銘を受けます。高学年、中学生にも絵本を読ませてください。ここでいう絵本というのは、そのような価値のある絵本で、テレビやアニメのキャラクターものではありません。

　学校図書館の中には、文字の大きい読みやすい本のコーナーを作ってください。絵本から読み物への橋わたしは小学校の学校図書館のとても重要な使命です。背文字だけでは小学校低学年には中の字が大きいか小さいかはわかりません。この本は低学年にも高学年にも読まれます。

　調べる本、読む本という分け方も大人が決めたものです。子どもは図鑑も「読み」ますし、物語でも「調べ」ます。

　学校司書がいる場合、複数の学校図書館のどこにいたらいいのかという問題もあります。

たいてい，子どもは学校司書のいるほうの学校図書館に来ます。スペースの都合などでやむをえずもう１つ学校図書館を，ということであれば，本の管理がむずかしくならないように，同じフロアですぐ近くに設置してください。
　もう１つの学校図書館の別室としてぜひほしいのは「お話の部屋」です。ここには，本は必要ありません。じゅうたん敷きの小さめの部屋です。普通の教室にカーペットを敷いてもいいです。ここで，読み聞かせ，ストーリーテリング(注)，パネルシアターなどをしてください。それを，学校司書や先生，図書委員，ボランティアがします。ストーリーテリングや読み聞かせには各自が持つ本はいりません。ちょっとした劇場の感覚で，お話の世界に入れる空間を確保してください。本はいりませんが，掲示などを工夫して楽しい雰囲気にします。
　（注）ストーリーテリングというのは，素話，語り，お話などのいい方がありますが，何も見ないで，子どもたちに直接，覚えたお話を語りかける方法です。読み聞かせとはまた違う深まりがあって感動してくれます。集中して聞けるようにするためにも，静かな１部屋がほしいです（68頁参照）。
　日本十進分類法で０類から並べていきますが，困るのは本の高さと書棚の段の高さが合わないことです。奥行が深すぎる棚，逆に狭すぎる棚もあります。始めから可動の本棚になっていればいうことはないのですが。これから学校図書館を作る学校はとくに気をつけてください。
　小学校の場合は，４類の本は高さがあるので場所を考えなければいけません。４類は低学年もよく調べるので，できれば低い場所が使いやすいです。
　ある学校では４類だけを一段の高さの十分ある別の棚に移動することで解決しました。そうすると３類と５類、６類がつながり，社会科で調べる内容が並んで使いやすくなりました。書棚ではない展示用の棚を再利用してうまく納まった例もあります。
　奥ゆきが深すぎる書棚は本がとりにくくなります。奥に空き箱や木枠を置いたり工夫します。その箱に模造紙をはると見栄えもよくなります。
　奥ゆきが浅い書棚は，ピーターラビットシリーズやポケット版の図鑑など，ちょうどよいものが置ければいいですが，そうではなかったら，表紙を見せて立てておくと学校図書館が明るくなります。本は背だけよりも表紙を見せるほうが魅力が増します。
　ここだけに限らず，展示用イーゼルを使って本の表紙をあちこちで見せてください。開いて，中のページを見せるのも手です。
　次頁に中学校での本の並べ方の例を紹介します。カウンターの下に１クラス分の学級文庫用図書や辞書を置き，授業で必要なときに教室へ持っていって使います。
　低い棚の上は展示コーナーとして利用します（20頁「面出し（フェイスアウト）の展示例①」参照）。

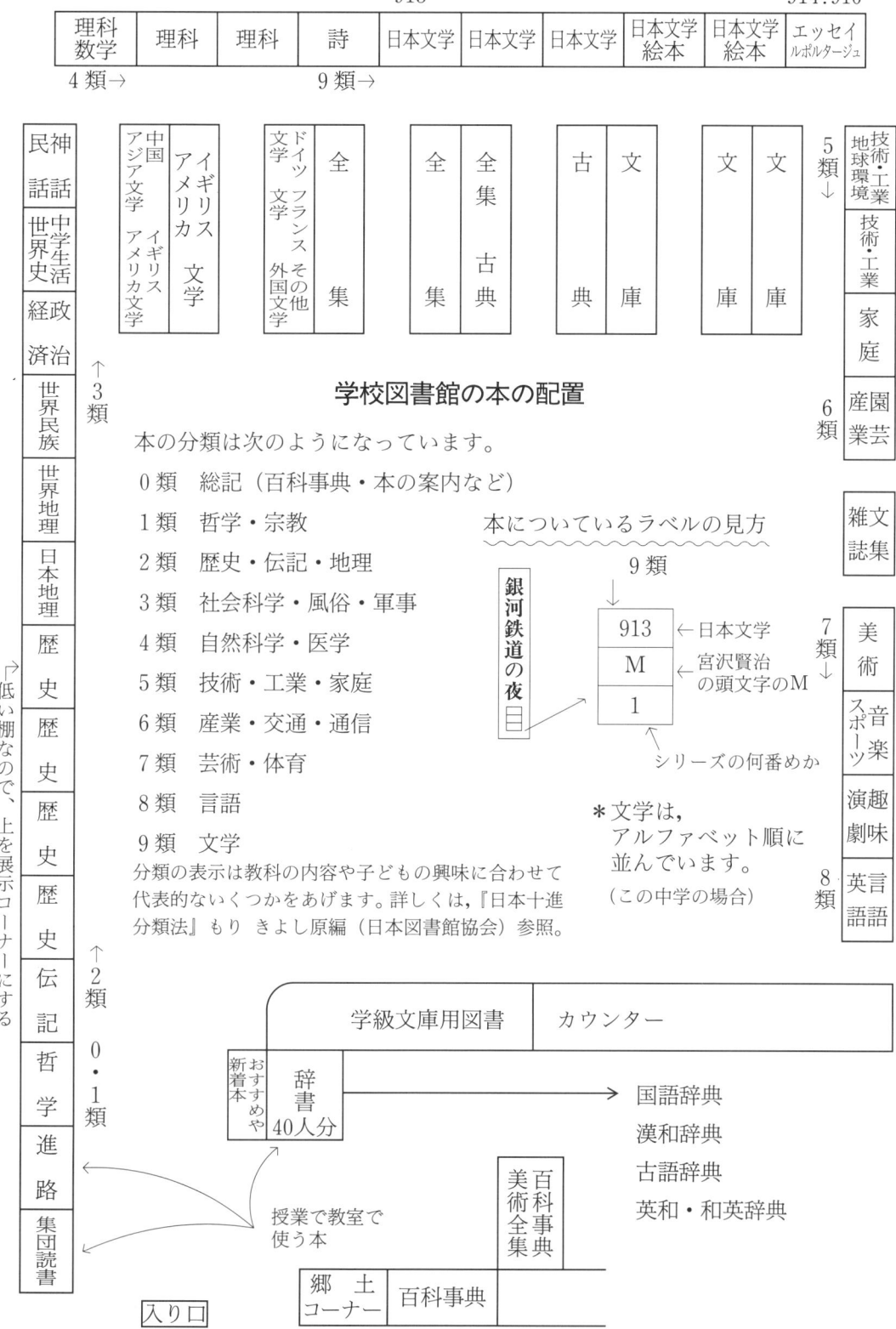

日本十進分類法で分けていくと，4類は小学生にはむずかしくなります。たとえば物理，化学，地学などの呼びかたは，どういう内容かわかりません。それよりは，宇宙，天気，海や川，地震・火山，地形，きょうりゅう・化石，命・進化，植物，虫，鳥，動物，水の中の生きもの，小さい生きもの，体・医学に分けたほうがわかりやすくなります。物理・化学は，理科の実験または科学というようにするとわかりやすかったです。

　9類は作者名の五十音順で並べます。これは先輩のアドバイスですが，小学校では外国文学と日本文学は分ける必要はないのでは？　むしろ，外国文学を遠ざけることになるのでは？　ということでした。そこで，あ行にはエンデも入れますし，か行には，クリアリーも入っています。外国の作家は名字が後になりますので，ミヒャエル・エンデでしたら，「エンデ」というコーナーをとります。教科書で取りあげられている物語の作者や有名作家は，作者名を見出しに書いて本の間にはさむとわかりやすくなります。ラベルに「え」と書いておけば，子どももあ行に返すことができます。

　作者名ではなく，書名の五十音順で並べる学校もあります。これは，子どもが本を返しやすくするためです。ただ，あまりおすすめできません。子どもはおもしろい本があれば同じ作者のシリーズを読みたくなります。ブックトークで紹介する際にも，「同じ作者の本はここです」というようにすすめやすくなります。

　同じ作者の違う作品に触れると，さらに感動が深まります。絵本も同様です。例えば，バージニア・リー・バートンの『はたらきもののじょせつしゃけいてぃー』（福音館）のはじめには『ちいさいおうち』（岩波書店）『名馬キャリコ』（岩波書店），『マイク・マリガンとスチーム・ショベル』（福音館），『いたずらきかんしゃちゅうちゅう』（福音館）の絵がさし絵の一部として出ています。これを見つけた子は大喜びします。

5　さがしたい本はどこ？

　一度本の場所が決まったら，なるべく動かさないようにします。途中で子どもたちの動きを見て修正はしていきます。

　本がどのように分けられて並べられているかがわかるように，サインを本棚の上に出します。画用紙よりも木製のしっかりしたもののほうが長持ちして見栄えもよくなります。画用紙では，毎年作りなおすことになりますが，とりあえずは厚い画用紙でもかまいません。

　学校図書館の中のどこにどんな本があるかわかるように，大きな紙に書いて掲示し，印刷して全校の先生，子どもたちに配ります。あるいは，図書館だよりの中に入れて，家庭にも届くようにします。学校図書館の活動に関心を持っているおうちの方はかなりあります。家庭でも話題になるようにしてください。中には，保護者会のときなどに，見にきてくださる方もあります。

年度始めに，全学級にオリエンテーションを1時間ずつ行ってください。担任の先生と協力して実施します。学校図書館は先生と子どものためにあります。担任の先生が学校図書館を利用した授業を考えなければ，公共図書館と同じで，行きたい人だけが行く場所になってしまいます。この機会にどういう本がどのくらい学校にあるのか知ってもらうようにします。中に，学校図書館に行けば何でも本があると考えている先生があります。数冊しか資料がないのに学級全員で行っては混乱します。

　このように，いろいろ手をつくせば，本の場所くらいすぐ覚えてもらえると考えがちですが，それがむずかしいのです。こつこつと時間をかけて定着をはかります。

　返すところがわからなくなった本の置き場を作っておいて，図書委員に戻してもらうと，本の位置がよくわかる子が育っていきます。清掃当番にも協力してもらいます。

　本の位置がわかるように代本板を借りた本の位置に置いておく学校がありますが，できるだけ使わないでください。**代本板はじゃまです**。本は常に移動しています。本が動かないというのは利用が足りないことだと考えてください。その中で代本板はいっしょに動きますから位置が変わりますし，本棚の奥に入ったり，落ちたりします。また，小学校低学年は1週間すると置いた場所を忘れてしまうのです。かわいそうに，昼休みの半分かかって自分の代本板をさがしている子もいます。司書をしていると，子どもたちが来るごとに「私の代本板がありません」といわれて，いっしょにさがすことがよくあります。こんな時間があれば，1冊でも多く本に触れてほしいものです。

　本の位置をみんなが覚えて，それができなければ，学校司書や司書教諭，図書委員，保護者ボランティアが正しい位置に置けばいいのです。返す場所が不明な本の置き場を作っておくと，わからない子はそこに置きます。まれに，返すのが面倒でそこに入れる子がいますが，それは指導してください。

6　本の管理

　次に学校図書館の本を把握して管理していきます。そのために，まずしなければいけないのは，本を持ち出す際に手続きをする習慣です。子どもも先生も司書も誰もが守らなければいけないルールです。

　今までこのルールがなかったなら，定着させるには時間がかかります。職員会議で年度始めの図書活動の提案の中に入れてください。手続きをして借りるルールの徹底のためにも蔵書管理は必要です。次の手順で点検します。

① 　貸し出しを止めて全員の本を返してもらう期間を決めます。だいたい2週間ぐらい。
　　できれば，長期休みは避けて（長期休みは本を持ち帰って読むチャンスですから）。
② 　学級や特別教室にある本を全部返してもらいます。

③ 家庭にも，返し忘れている本があったらすぐに返すように呼びかけます。
④ 図書台帳と照らし合わせて本があるかどうかチェックします。司書教諭や学校司書1人では大変ですから，図書委員や保護者ボランティアに協力してもらってください。学校図書館全部の本の点検ができない場合も，その年度あるいは前年度に買った本は点検してください。コンピュータで管理している学校は，バーコードリーダー，ノートパソコンが何台かあると短時間で作業が進みます（9章129頁参照）。
⑤ 紛失している本の一覧を作ります。書名だけではなく，登録番号も必ずつけます。同じ書名でも何冊か本がありますので。一覧表は先生方に配るものと，廊下に掲示するものを作ります。学校図書館内にも掲示します。そうすると，見つかる本が出てきますので，見つかったら線を引いて消します。

ここで，目録カードと照合するかどうかということが出てきます。今までにカードが順番に整理されている学校ならば照合します。学校司書が置かれたばかりで，これから新たにカードを書いて管理していくというのであれば，おすすめできません。カードより先にするべき仕事がたくさんあります。また，これからはコンピュータで管理していく時代ですから，図書台帳と本を照合して管理して行く方法で十分です。

7 必要な掲示物

学校図書館が機能していくために必要な掲示物は次のようなものです。
① **学校図書館配当表**：年度始めに各クラス，週に1時間ずつ，学校図書館の割り当てがあります。この時間はクラスに扱いが任されています。配当を決めていない学校もあります。
② **図書当番表**：たいてい，図書委員が昼休みなどに貸し出しをします。誰がいつ来るのか，はっきりわかるようにします。この図書委員が当番のときにきちんとやるか，仕事があるかが，活動の1つのバロメーターです。
③ **本の配置図**：どのように本が分類されて，どこにどんな本があるかを掲示しておきます。
④ **日本十進分類法の表**：業者からもらうものを掲示してもいいですし，手作りのものを工夫するとさらに，関心が持たれます。

図書当番表（四街道市立四和小学校）

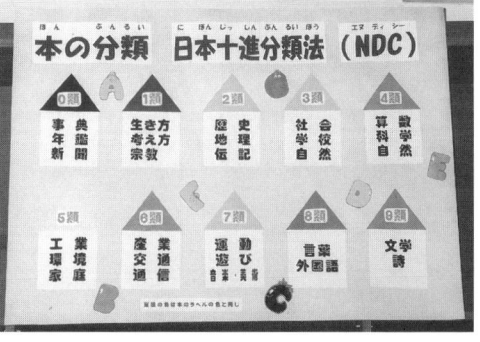
日本十進分類法の説明（四街道市立南小学校）

1章　古い学校図書館の立て直し

⑤　本の借り方，返し方：どのような手続きで，何冊，どのくらいの期間借りられるかをわかりやすく書いておきます。オリエンテーションで，毎年，先生と子どもたちに確認します。

⑥　今日の日にち，返す日にち：カウンターの上に置いておく学校が多いです。少し高い目立つところに置くか下げるかしてください。

本の借り方・返し方，地図（柏市立柏第八小学校）

⑦　カレンダー：利用する子どもたちが見やすいところ，カウンターから見やすいところ，2か所以上あると便利です。

⑧　学校司書が来る日：週何日か来る勤務の場合。

これ以外に，本を紹介する絵やポスター，今月のテーマの本について，行事にちなんだ本について，図書クイズなど工夫してはってください。掲示物は見る人がわかるように書くのが大原則です。小さく書かないようにしてください。本の紹介，

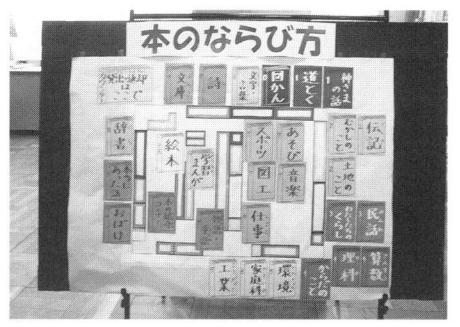

図書の配置図（柏市立西原小学校）

読書郵便など，子どもが書いたものを掲示する場合がありますが，せっかく書くのなら鉛筆ではなく，ペンで濃くはっきりと書くように指導したほうがよく読まれます。都道府県名のわかる日本地図，国名のわかる世界地図も提示してください。

学校図書館利用の注意などをまとめて書いておくのはいいですが，「静かに」「返す日を守りましょう」など注意ばかりたくさん掲示しないでください。毎年のオリエンテーションで確認し，定着させます。

8　これがあったら便利

今まで手の入っていなかった学校図書館では，「個人の貸し出しカードや代本板は学級で管理して，個人で使うときに持って来る。来るときには筆記用具を持って来る」というようになっていないでしょうか？

個人の貸し出しカードを使っている学校はクラス別に置いておける場所を学校図書館内に作っておきます。教室に持って帰るとなくしてしまう子がいるからです。ただし，友だちのカードから，誰がどんな本を何冊借りたのか見てはいけないという約束をしておきます。

鉛筆，消しゴムは学校図書館で用意しておくものです。鉛筆削りもすぐに使えるところに置いておきます。代本板はなくしてもらいたいものですが，使用する学校は，学校図書館内の目立たない場所か廊下などに保管し，何も持たずに来館できるようにしてください。

　学校図書館を有効に使うためには，ブックトラックが必要です。返却の本を一時置いたり，本を移動させたりするときに役立ちます。手作りで準備する学校もあります。

　コンピュータが入って，バーコードのついたカードを個人で持っている学校なら，個人以外にクラス別にバーコード一覧があると，カードを忘れた場合でも便利です。個人カードをクラス別に学校図書館で保管している学校もあります。個人カードを各自で持つ学校ではカードを作る際，裏がわに好きな絵や写真，言葉を入れる学校もありました。自分のカードに親しんで大切にするためだそうです。

　臨時の学校司書の場合，曜日によって来たり来なかったりします。子どもが見やすい場所に来る日を掲示しておくと，その日の利用が増えます。

　学校図書館に鍵をかける学校は返却ボックスを室外に設置しておくと，いつでも本が返せるので未返却が減ります。鍵のない学校も返却手続きをしていない本を入れるボックスがあると低学年の子だけでもきちんと本が返せます（手続きをしないで書架に返してしまう子がいますので）。

　学校図書館に入ると本が迎えてくれるような雰囲気にしたいものです。それには，面出し（フェイスアウト）といわれる，本の表紙を見せる置き方が有効です。例えば，キハラ㈱には「展示用イーゼル」という専用の商品があります。斜めに本をたてかける書架もありますし，手作りでもできます。

返却ボックス（柏市立逆井中学校）

面出し（フェイスアウト）（柏市立旭東小学校）

1章　古い学校図書館の立て直し

くつろげる雰囲気づくり（柏市立旭東小学校）

9　くつろげる雰囲気作り

① グリーン

　本が整然としたら，ぜひグリーン（観葉植物）を置いてください。緑が目に入るとほっとします。

　おすすめは，オリヅルランやポトスなど，半日陰でも十分育ち，手間がかからないものです。広い学校図書館では，ドラセナ（幸福の木）など鉢の大きいグリーンも落ち着いた雰囲気になります。他にも学校図書館向きの観葉植物があると思います。オリヅルランやポトスは，周りを見ると育てている人がいます。教室や事務室，保健室にもよく置かれています。少し分けてもらって土にさすと次々に増えます。鉢は用務員さんに聞くとどこかにありますから，鉢受けの皿と両方さがしてください。ときどき水をやるだけで元気に育ちます。

　校庭のどこかにたくさん咲いている花を少し分けてもらって，花瓶に飾ると季節感が出てきますし，その花のそばに植物図鑑を置くと手にとって見る子がいます。

② 布のあたたかさをどこかに

　学校図書館のカウンターや，小さなテーブル，低い棚などに布のランチョンマットやあまり布をちょっと置くだけで雰囲気がやわらかくなります。テーブルセンターなどは，学

校内のどこかに余っていますから，展示コーナーのテーブルにかけたり，壁にかけたりしてみてください。そこに，本を飾る感覚で置いてみると，その本が特別よく見えます。今まで，書棚にあっても見向きもされなかった本が，手に取られるようになります。

布のあたたかさを上手に利用（柏市立柏第七小学校）

カウンターの周囲は，修理中の本や画用紙，文房具などでごちゃごちゃしがちですが，それをしまっておく棚に布をかけるだけで，雰囲気がよくなります。上の写真では，学校司書の鍋島さんが，カーテンに飾りをつけてさらに楽しい感じにしています。廊下には絵のようなレストラン風の案内を出してはどうでしょうか？

布で作ったお人形も喜ばれます。『ぐりとぐら』（福音館），『エルマーのぼうけん』（福音館）のりゅう，『はらぺこあおむし』（偕成社），おなじみの本のキャラクターがあると本にも親しめます。低学年の子はお人形遊びを始めたりします。

イーゼルを使った廊下の案内

中学生でしたら，むしろ生徒のほうがいい感覚を持っていますから，絵や飾り付けなどを手伝ってもらうと雰囲気のよい学校図書館ができます。

③　学校図書館を活気づかせる小物，小道具

この他にも，学校図書館にあると子どものイメージや知識を広げるものをいろいろ置いてみましょう。先生方も協力してくださいます。図書委員だけでなく，子どもたちも考えてくれるようになります。学校図書館は，みんなで作っていきます。次はそういうものの例です。

① **点字を打った紙**：ボランティアや視覚障害者について書いてある本のそばにはっておくと，接する機会の少ない点字を知るきっかけにもなります。

1章　古い学校図書館の立て直し

② 　民芸品：わらぶき屋根をしらない子がたくさんいます。民芸品には，そういう古い日本の暮らしを映すものがありますから，家庭などで不要なものがあったら譲っていただき，民話コーナーに置いてください。

③ 　ぬいぐるみ：学校図書館はプレイルームではないので，アクセントに少し飾るくらい

民芸品を本棚に

がいいかもしれません。手芸の本のそばや，絵本のそばなどに置いてみてはどうでしょうか。

④ 　木の実：秋にはぜひ拾って飾ってください。持ってきてくれる子もありますから，そばに名前をつけます。木の実を使った遊びの本や図鑑をそばに置いてください。

⑤ 　季節行事にちなんだ飾り：節句，お月見，クリスマス，節分，雛まつりなど，季節を感じさせるものが1つあると，あたたかい心づかいが伝わります。

雛まつりの飾り

⑥ 　おりがみ：子どもが作ってくれたものなど。おりがみの本のそばに。

⑦ 　工作の作品：子どもは工作が好きです。工作の本を見て作った作品を置いておくと本も見ています。

⑧ 　写真：『ルピナスさん』（ほるぷ出版）の読み聞かせをしたら，自宅のルピナスを写真

ルピナスの写真をかたわらに

23

に撮って持ってきてくれた子がいました。さっそく壁に飾り，本もそばに立てました。

　また，修学旅行，遠足の写真なども修学旅行や地理関係の本のそばに。次に行く子の参考になります。

⑨　**音楽情報**：最近流行した音楽のパンフレットなど，無料でもらえるものを集めて，コーナーに置きました。中学生に好評です。何枚か重ねて小冊子のようにしました。

⑩　**雑誌・文集コーナー**　　柏市立柏第四中学校

　中学校にぜひほしいのが，雑誌や冊子を置くコーナーです。特に人気が出るのは卒業文集など上級生の書いた作品の展示です。あこがれの先輩はどんなことを書いているのかと，みんなが読みます。卒業文集だけではなく，作文をファイルして置くのもよいでしょう。その際，課題を出すときから，学校図書館に置くことを伝えておいてください。雑誌の購入費用がない場合は，先生方から寄贈してもらうのも１つの方法です。

中学・高校生向きコーナー
（柏市立柏第四中学校）

⑪　**時の話題**　　柏市立西原小学校　学校図書館指導員　岩城英子さん作成

　学校図書館に今の話題にちなんだコーナーを作ってください。写真は，モーツァルト生誕250周年記念の年に学校図書館の壁面に作った掲示です。音楽でもモーツァルトについて調べ学習をしました。新聞の切り抜きやパンフレットなども使えます。

モーツァルト生誕250周年
記念コーナー
（柏市立西原小学校）

2章

図書資料の充実をはかる

　学校図書館にはどんな資料（本だけではなく）を置くとよいのでしょうか？　図書活動推進のために特別に予算が組まれたりもしますが，内容をよく吟味した本が入れられているのでしょうか？　いくら冊数があっても，子どもたちに本当に必要で，先生方が授業で使える本がなければ意味がありません。そして，その本は管理されていなければなりません。

　公共図書館から借りたり，他の学校と連携を取ることも必要ですが，やはり自分の学校の書架に並べられている本が何よりです。読み聞かせやブックトークを自宅や公共図書館の本を使って行っても，その場で本を借りることができなければ，興味をなくしてしまいます。

　年間を通してボランティアの方が読み聞かせに入る学校は，事前にその本を学校図書館で用意しておくと，子どもたちが読むことが多いので，リストを図書担当の先生に渡しておいてください。

1　蔵書構成と購入する本　0類から9類

　年度末には，本を全部返してもらいます。蔵書点検を年度末にしていない場合は，できるだけ4月中にしてください。教室や特別教室に置いてある本，先生方が持っている本もすべてです。というのは，今ある本が把握できないと注文ができないからです。集めて傷みのはげしい本は廃棄します。これで各類のバランスがわかります。どの類も同じ量ある必要はありませんが，極端にバランスが悪いところはわかります。同じセットがいくつもあることがわかったりもします。この作業は初めての学校には大変ですが，どうしても必要です。

　本は一度に全部注文しないでください。年度始めにはある程度まとめて頼むと思います

が，途中でも何回か注文できるように予算を残しておきます。先生方も年度始めのあわただしいときに，2学期3学期の学習で使うすべての本をリストアップするというのは無理があります。また，話題の新刊が入れられると喜ばれますから予算を取っておきます。できれば，話題になった新刊は担当者が学校で決められている書店に行って買い，台帳に記入して書架に並べるというのが，早い方法です。

蔵書構成は，冊数のみで見るのは不十分です。内容が小学生，中学生にあっているか，授業の単元とつながっているかを見なければいけません。主なチェックポイントは次のような点です。

0類　総記

百科事典はそろっていますか？　小学校ではふりがながついていますか？　できれば違う出版社で2セット以上あると使いやすいです。低学年向きの絵が主体の事典も1セットあると助かります。百科事典は，古すぎるものは使えません。保護者などに呼びかけると，寄贈で手に入ることが多いです。子どもが大きくなって不要になった学習事典セットが家庭でじゃまになっていたりします。廃品回収で見つけたこともありました。

雑誌，年鑑は，傷んでいるものや古すぎるものは処分します。4月のうちに，『朝日ジュニア百科年鑑』(朝日新聞社)や『日本のすがた』(国勢社)や『日本国勢図会』(国勢社)，『世界国勢図会』(国勢社)などの最新情報の出ている資料を発注してください。小学校では高学年の，中学校では社会の先生と相談して注文する冊数を決めます。教師用の本の予算が別にとられている

学習に役立つファイルコーナー
（制作／西宮市立広田小学校　曲里由喜子司書教諭）

学校でしたらそちらの枠でもいいです。一番使える資料ですから，早めに本棚に入れてください。新聞の切り抜き情報も，いらないものは捨てます。新聞の切り抜きはテーマを決めて集めておくと，学習で使えます。小学生には，ふりがながあって内容もわかりやすい小学生新聞がおすすめです。学習につながる内容や総合的な学習のテーマの切り抜きファイルがあると使用されます。

各団体，市町村から出ている冊子類はテーマ別にファイルボックスに入れておきます。

1類　哲学・宗教

小学校では，1類はあまり入れていない学校が多いですが，小学校高学年くらいには少

しずつ手に取る機会をふやしたい分野です。中学校には割合多くあります。子どもに親しみやすい書名がついていて，装丁もきれいなものがたくさんあります。

　また，占いなどは子どもたちはとても好きです。学校図書館に足を向けるきっかけ作りのためにも，少し入れてください。

2類　歴史・伝記・地理

　歴史は調べ学習で必ず使います。違う出版社のシリーズものをできるだけ複数入れてください。子どもはマンガが好きだからといっても，歴史マンガは1セットあれば十分です。マンガなら多少古くても手に取ります。

　子どもたちは，きっかけがあれば歴史の本に親しみます。調べ学習で目を輝かせて資料を見て，新聞作りをしています。その授業ができるように資料を考えて入れます。といっても予算が限られていますので何年かかけて計画的に入れます。その年度で足りないときには，公共図書館や近隣の学校と連携をとって借ります。授業の進度がほとんど同じですから他の学校と単元が重ならないようにずらして使うと集めやすくなります。

　歴史は近年いろいろな発見があって修正されてはいますが，小学校で調べる範囲であれば，古い本でもだいたい対応できます。1クラスが似たテーマで調べられるように，古い本も修理してでも残しておいたほうがいいかもしれません。

　伝記も子どもたちは好きです。こんな人になってみたいというあこがれを持つ子を育てるためにもすすめたいものです。これもマンガ版は1セットで十分です。低学年が読めるものから高学年向きのものまで，3セットぐらいあると理想的です。ある学校で寄贈を募ったところ，伝記がたくさん寄付されました。同じ人の伝記が何冊かあっても，友だちと同じ本を読んだりしますから役立ちます。中学生も伝記は好きです。どちらかというと男子のほうが好むようです。

　地理は要チェックの分野です。ドイツのところを見てください。東西に分かれて書かれていませんか？　ソビエト連邦があったりしませんか？　こういう本は廃棄です。1970年代の世界地理の本をＡＬＴで来ていらっしゃったカナダの方に見せると,「こういうファッションの時代もあったんですね。でも今はこういう人はいません」と吹き出していました。もしかしたら，逆に日本についても古い資料が外国にあったら，誤解されているかもしれないと思いました。国際理解のためにもなるべく新しい地理の本が必要です。

　日本地理では，表やグラフのデータがせめて5年くらい前までのものでないと使えません。生産量，漁獲高，輸出入など，違っています。最新データはインターネットで調べさせます。

　2類の本は，年度始めに小学校高学年の先生，中学では社会科の先生に実際に見てもらい，今ある資料が学習に使えるかどうか判断してもらいます。必要のないものは廃棄処分です。「こんな資料もあるんですね。今度使いましょう」ということにもなります。

3類　社会科学・風俗・軍事

　この類はむずかしい内容が多いです。小学校では子どもが手に取るというよりは，先生が指導する際に子どもたちに見せる資料として活用されます。

　民話，伝説の本はありますか？　日本各地の民話の本が1セット，今住んでいる土地の民話の本が数冊あればいいと思います。1年間の行事の本も1セットそろえましょう。学校図書館の掲示・展示の資料にもなります。6年生では政治の学習が入りますから，わかりやすい本があると便利です。

　中学校では，今の社会を知るために子どもに手に取られやすい本がそろっているでしょうか。さわった形跡のない本でしたら，内容が向かないか子どもたちへの紹介が不十分ではないか検討してください。

　小・中学校共通して必要なのは将来の仕事に関する本です。キャリア教育のためにも大切です。写真が大きくてきれいな本が出ています。今の時代に合わせた新しい職種の紹介もあります。小学校でも将来の夢を描けるように置いてください。

　戦争に関する本はそろっていますか？　教員をしていたとき，平和学習で「戦争に関する本」といったら，源平合戦を持ってきた子がいました。第二次世界大戦が急速に子どもたちの意識から遠ざかっています。平和の尊さを知るために，どの学年でも一度は学習に入ってきますので，資料を充実させておきます。文字が多くてむずかしいものより，写真資料のほうがわかりやすいです。戦争に関する絵本，物語も子どもたちの心に訴えるのでいっしょに置きます。

4類　自然科学・医学

　小学校では，低・中学年を中心に，一番利用される本です。教科でも使いますし，読書の時間，休み時間も手に取ります。子どもたちの中には虫博士，魚博士，恐竜博士がいます。この類は，中学では，40 自然科学　41 数学　42 物理……と分けていきますが，小学校にこの分類は合いません。思い切って子どもがわかる分類にしたほうが，利用しやすくなります（1章参照）。例えば小学校では，ペットの飼い方の質問が年に何度かあります。学校でウサギやニワトリを飼っていたら「飼育のしかた」を充実させてください。十進分類法で分けると飼育は6類ですが，子どもたちが選びやすいように4類に入れました。

　分けてから冊数が十分あるか見てみます。一斉指導に便利だからといって，同じ図鑑を10冊入れるというのは，考えものです。「ぼくが」「わたしが」調べたことに意義があるので，同じ内容でもできるだけいろいろな出版社の本を入れてください。

　図鑑は安くありません。購入計画を立てる前に書店の展示会や公共図書館に行って下見をしておきます。カタログだけではわかりません。ふりがながついている図鑑も必ず用意します。中学では美術の時間によく下絵を描くのに図鑑が使われました。写真も活用されますが，絵が描いてあるもののほうが使いやすいようでした。植物，動物などは絵のいい

図鑑を入れてください。美術の先生に見てもらってから購入すると使ってもらえます。

5類　技術・工業・家庭

この類の中で小学生の子どもたちが好きなのは、工作、おりがみ、手芸、料理です。学校図書館を好きになるためにも、これらの本を充実させてください。

中学生ならどんどん料理ができますから、簡単に作れるお菓子や料理の本を各種用意してください。手芸も好きな子が借りていきます。中学生のころに好きなことや得意なことは、生涯続きます。7類もそうですが、趣味豊かに楽しく生きていくためにも、子どもたちが好きな本を用意しましょう。

公害、環境問題の本はありますか？　どこかの学年で毎年学習に使われますから、資料として対応できるように最新のものを入れ、冊数も確保してください。

6類　産業・交通・通信

6類は農業、林業、水産業、商業、貿易、通信など、社会科の学習につながる内容が多くあります。身近に田畑がない学校だと「田では米ができる。畑では野菜がとれる」ということすらわかっていない子もたくさんいます。小学校では、写真や絵の多いわかりやすい本が必要です。収穫高、従事する人口などのデータは古いものでは使えません。そういう内容は年鑑で調べるようにします。また、0類でも触れましたが、この内容は、本よりも冊子や都道府県で出す資料や、各地の話題を集めたタウン誌のようなもののほうがより具体的にわかる場合もあります。新聞の切り抜きも最新の情報です。工場や博物館などへ見学に行く学年があったら、資料を何部かもらっておいてください。

7類　芸術・体育

図工関連の本は子どもが手に取るより、先生が指導資料として使う場合が多いです。教科書の資料もありますので、今すでに「1年生の工作」というような学年別の図工の本、「彫刻」「絵画」というような本がある学校は買う必要はなさそうです。

7類は子どもが手に取って見やすい本にしたほうが活用されます。「○○入門」というような本は人気があります。(授業で今年度使う予定がある先生があったら、優先して入れてください)。図工、美術の教科書を見たり、専科の先生に相談したりして、有名な画家の画集や創作のヒントになるものを入れます。「あってもいいかな？　いつかあれば使うかな？」というような本は無駄になりやすいので気をつけてください。高価な美術全集などは学校図書館ではあまり使われません。

中学ならば、部活に関連するスポーツや趣味の本を入れてください。上達法のような本はとてもよく読まれます。音楽も中学生向きにバンドの本や今流行の歌手の本を入れてください。「学校図書館は文学作品をお行儀よく読む場所」ではありません。自分の趣味を見つけたり、個性を伸ばしたりするきっかけの場でもあります。文章を読むのが好きではない子も来るように、7類を子どもの立場で充実させたいものです。

7類にはマンガも入ります。マンガには手塚治虫の本をぜひ入れてください。その他にも英語版の「対訳サザエさん」(講談社インターナショナル),「はだしのゲン」(汐文社),「どんぐりの家」(小学館) など内容豊かなものがあります。スヌーピーの「ピーナッツブック」(角川書店) も入れてください。マンガを読む子は,案外本も読むのです。まだマンガは読書に入らないと考える向きもありますが,立派な読書です。駆け出しの作家の作品と手塚治虫の「火の鳥」(角川書店) ではまったくスケールが違います。

　読書の時間を毎回「好きな本を読みましょう」にすると,マンガしか読まない子が出てきがちです。「今日は伝記を読みましょう」「今日は国語の教科書で出てきた作家の本を読みましょう」というように,何かめあてを持たせてください。

　マンガは紛失しやすいので,貸し出し手続きをしているかまめにチェックして,ない場合は図書委員から呼びかけてもらいます。マンガコーナーはいつも整頓しておきます。

8類　言語

　ここには,ことばのきまりや詩や文章の書き方などがあります。ことわざは3類に入りますが,学校では8類に入れておいたほうが使いやすくなりました。

　ここも,教師が指導する際に使うような本が多くありますが,子どもが手にとりやすい本も入れていったほうが活用されます。

　意外に子どもが喜ぶのが英会話の本です。簡単な会話と見やすい絵がある「改訂版 学研の英語ずかん」(学習研究社) がよく借りられていました。

9類　文学

　文学の本はとてもたくさんありますが,よく見てください。昨年度から見て,読まれているでしょうか？　ほこりがたまっていませんか？

　昨年度読まれていない本でも,紹介すれば読まれる本もあります。あるいは,学習と関連させて使える本もあります。学校図書館の本は「そこにあるだけでいい」という本ではいけません。子どもが手に取って,教師が手に取ってこそ本としての価値があり,存在する意味があります。古い全集や文学史上の有名作家全集は,内容がよくても子どもたちはなかなか読みませんので,できれば司書コーナーやカウンター内の書棚に保管して必要なときに出します。

　文学のベースは20年,30年と版を重ねている本です。こういう本は児童書を紹介している「図書館でそろえたいこどもの本」(日本図書館協会),『私たちの選んだ子どもの本』(東京子ども図書館) などの書籍が参考になります。

　公共図書館には以上に述べたような基本になる本がたくさんあります。また,年齢に応じたおすすめの本のリストなどもありますから参考になります。

　けれども,読み慣れない子はまず文字を読むことに抵抗があって,一般的に評価されている本に親しめない場合があります。ですから,練習という意味も含めて,子どもがすぐ

に読みたくなるような本も入れておきます。「学校の怪談」(ポプラ社),「ほうれんそうマンとかいけつゾロリシリーズ」(ポプラ社),「かいぞくポケット」(あかね書房),「わかったさんのおかしシリーズ」(あかね書房),「おはなしりょうりきょうしつ」(あかね書房),「モンスター・ホテルシリーズ」(小峰書店),「王さまの本」(理論社),「ズッコケ三人組シリーズ」(ポプラ社),「おはなしちびまる子ちゃん」(集英社),「パスワードシリーズ」(講談社・青い鳥文庫) などです。ずっと以前からある「怪盗ルパン」(ポプラ社),「シャーロック・ホームズ全集」(偕成社),「少年探偵・江戸川乱歩」(ポプラ社) も,小学校高学年から中学生で,夢中になる子が必ずいます。同じ内容の本でも表紙を変えて書体を読みやすくした本が出ています。

　ぜひ学校で押さえておきたいのは,主に国語の教科書に出てくる作家の本です。教科書は学習資料の1つで,読書の入り口がたくさんありますから,それに備えて本を用意します。「教科書に出てくる作家」と見出しをつけたコーナーは,どうも硬い雰囲気になるので他の作家と同じ五十音順の文学の棚に入れます。

　ある6年生のクラスは読書がとても上手でした。それは,国語の授業で出てきた作家の本は必ず他に作品を探して読む課題が出ていたからです。「『きつねのまど』の作者,安房直子さんの本を読みましょう」こういう課題です。すべての作家の本を一度に揃えるのはむずかしいですから,計画的に入れていくのも1つの方法です。

2　先生方,子どもたちからの購入希望

　年度始めには先生方に希望の本を書いてもらいます。いつごろ使う予定かも聞いておきます。注文する書店によっては,なかなか本が届かないこともあるからです。担当者は,希望の本がすでに学校図書館にないかチェックします。年度末に1年をふりかえって,必要だったのになかった本を聞いておきます。

　具体的に本を使った授業を予定している場合には,いつごろ,どんな授業をするかも聞いておきます。新しい本も必要ですが,公共図書館や他の学校とも連携が取れるよう準備しておきます。すでにこのラインができている学校は,他の学校と同じ時期に重ならないように気をつけます。継続して1つの学校にいると,だいたいどの時期にどういう本が必要かわかってきます。他から借りるのもいい方法ですが,自分の学校にあるのが一番ですから,必ず使う本は順次入れていきます。

　先生方からの希望の本を出版社や金額まで明らかにしてもらうのは大変です。そこまで具体的にわかっていれば聞きますが,おおまかな希望を聞いたら,担当者はカタログや実際の本を見て候補を上げ,その本でいいかどうかを聞いてみます。このやりとりの中で教師と司書教諭,学校司書が連携した授業もできていきます。期間を決めて職員室にカタロ

グを置いておき，注文したい本を決めておいてもらうのもいいかもしれません。

　課題図書や，カタログにあるシリーズ，セットものの文学は必要最低限に。読まれる本と読まれない本の差が大きいです。

　また，「各学年，〇万円分の本をカタログから選んでください」という方法はいけません。セットものを安易に入れてしまいがちです。本は1冊1冊，よく考えて注文してください。それによって，学校図書館の本が1冊ずつ個性を持って輝き，魅力が増します。

　子どもたちに選んでもらうのも，とても喜ばれます。書店のフェアに図書委員の代表を連れて行って選ぶ学校もあります。記入用紙を作っておき，買ってほしい本の希望を書いてもらう方法もあります。

　私が図書主任だったとき，年度始めに書店からもらうカタログを図書委員にも見せて，学校図書館にあったらいいと思う本の余白に名前を書くというやり方をしました。「予算や先生方の意見もあるから，必ず入れられるかどうかわからないけど」と断って。委員会の時間と休み時間と両方しました。子どもたちの本への関心が高まり，署名運動のように「あなたもいっしょにこれを書いて」などと友だちにすすめている子もいました。この方法を採ったときは，子どもたちが，新しい本が届くのをとても楽しみにしていました。

3　担当者が使う本

　先生方や子どもたちからの希望の本と重なる本もありますが，学校司書，司書教諭が使う予定の本をあらかじめ用意しておきます。

　読み聞かせに向く本はたくさん案内の書籍がありますから参考になります。せっかく読み聞かせするのでしたら，納得の行く「これは」という本にしたいものです。

　読み聞かせに向く本はたくさんありますが，次のような観点で選んでください。
① **絵が全員に見える大きさ**：子どもたちを集めて読むとき，絵がよく見えないとつまらなくなります。絵が小さい本は，少ない人数に読み聞かせするのに向いています。
② **年齢に合っている**：どんな絵本でも楽しいです。大人も楽しめます。しかし，国語や読書の授業の時間でしたら，幼児向きの本を高学年に読むのはもったいないです。息ぬき，一休みには向きますが。
③ **ハッピーエンドばかりでなくとも**：悲しみも生きていく上での大切な感覚です。そういうものを越えて強くなります。子どもたちの「悲しみ」を共感してあげるのが読み手の役目です。

　読み聞かせした本は，たいてい子どもたちの誰かが読んでいます。低学年は一度読んでもらったり，すでによく知っていても，また読んでもらうのを楽しみます。子どもはとても正直です。つまらなかったりむずかしすぎたら態度に出ますから，子どもの反応で何年

生にはどの本がいいかつかんでいきます。読書の時間にするテーマは，子どもたちに関心の持たれやすいものにします。低学年では冊数が多いと混乱してしまいます。小学校1年生だったら，初めは1回につき2冊くらいがいいでしょう。

　ブックトークは，教科との関連でテーマを設定する場合と，読書の時間に本と子どもをつなぐためにする場合があります。ブックトークはなるべく自分の学校の本でします。公共図書館から借りたものだと，なかなかその後継続しては借りられません。(ただ，紹介してもその場で1冊しかないと他の子が見られませんから同じ本を何冊か借りておきます。)

　ブックトークの方法について書かれた本を参考にして，その中で紹介しているとおりにやってみるとコツがつかめてきます。

　国語の教科書には本に関連した単元があります。各学年で取り上げられている本を確認して，そこにある本はぜひそろえておいてください。学校司書・司書教諭が協力して本を紹介する授業がすぐにできます。

4　情報集まれ！

　担当者は，いつも学校図書館に新しい風が入るようにアンテナを高くして情報をキャッチしてください。「どうして，こういう本を知っているんですか？」経験を積んでいくと，他の先生からいわれます。「この人は本の情報に強い人だ」という信頼を得ると，仕事がしやすくなります。次のようなところで本や学校図書館での活動に強くなれます。

①　図書に関する研修

　教育委員会主催，教員の研修など勤務時間内にあるものばかりではなく，他にも研修できる場所がたくさんあります。本の情報だけではなく，その本でどんな活動ができて，子どもの反応はどうだったかもわかります。仲間で集まって研修をして意見交換をしたり，講師に来てもらったり企画してください。

　自主的に研修ができる場所を次にいくつか紹介します。(50音順)

NPO図書館の学校	〒112-0012　東京都文京区大塚3-4-7 (http://www.toshokan.or.jp/) 機関誌『あうる』発行 ＊実践につながるテーマで講座「図書館の学校」などの研修会を企画
㈳全国学校図書館協議会 (全国SLA)	〒112-0003　東京都文京区春日2-2-7 『学校図書館』『学校図書館速報版』発行 ＊幅広い内容の研修会を大規模に開催

㈶東京子ども図書館	〒165-0023　東京都中野区江原町1-19-10 『こどもとしょかん』発行 ＊手作り感覚あふれる図書館。講習会等も開催
日本子どもの本研究会	〒176-0012　東京都練馬区豊玉北4-4-18-105 『子どもの本棚』発行 ＊図書活動の連続講座などを開催
ぱっちわーく	〒741-0082　山口県岩国市川西2丁目3-20　梅本　恵 『ぱっちわーく』発行 ＊全国の学校図書館に人を！　の夢と運動をつなぐ情報交流紙

この他にも，研究団体，書店主催の講演会や学習会などがたくさんあります。

②　新聞の書評，本について書いてある雑誌，本の案内パンフレット，児童書について書かれている本，インターネットのサイト

　新聞に出ている本の記事をファイルしておくと，最近の傾向がわかります。新刊情報にも強くなります。大人向けの雑誌の中にも児童書の特集などがありますから，参考になります。中学生は大人と同じ本が読めますから，話題になっている本を書店と同じ早さで学校図書館に置けたら何よりです。

　小学生新聞には，毎週，特集で本のコーナーがあって参考になります。

　本の案内のパンフレットは，例えば徳間書店のように，わずかな年会費を払うと，本の話題の入っている冊子と新刊案内が来るところもあります。学校には出版社別の厚い案内が来ます。とくに，図書館流通センターのブックカタログはカラーで詳しい解説つきで便利です。

　公共図書館に行くと，たいてい年齢に合わせたおすすめの本の案内パンフレットがありますので，必ずもらっておきます。また，どこかに遊びに行ったらその土地の図書館にも行くようにしています。本に関するイベントなどもわかって参考になります。学校図書館の小物などもヒントになるものがあります。

　児童書について書かれている本は，公共図書館に行くとたくさんあります。何冊か読んでみると，共通して紹介されている本が浮かんできます。

　インターネットで検索すると，公共図書館や出版社，個人で開設しているホームページに，よい情報がたくさんあります。

③ 絵本，児童書が好きな仲間を見つけて情報交換

　研修やお話会で知り合った人，同じ仕事の仲間，児童書専門店の方，図書館の司書，本に詳しい人を見つけて情報をやりとりします。「こんな本がよかった。〇年生がよく読んだ」「今度，こんな会がある」など，いろいろわかります。例えば，「エリック・カールのテレビ番組がある」とメールを入れてもらったりしています。本の紹介，本の好きな人が作るホームページも参考になります。公共図書館の司書が「これ，新しい本，きっといいから読んでみる？」とすすめてくださることもあります。ですからどこでも仲よくしておきます。このクチコミ情報は，けっこう強いのです。

④ 絵本，児童書をたくさん読む

　時間を見つけて，公共図書館，学校図書館の本を端から順番に読んでいくのもおもしろい試みです。何の先入観も情報もなく手に取る本の中に，意外なおもしろさが発見できます。その本の評価を自分でつけてみてください。誰にも見せませんから完全に主観です。こういうことをすると自分の本の好みがよくわかってきます。忘れてしまわないように，読んだ本は必ず記録しておきます。

　私ごとですが，この試みで出会った本が『プンクマインチャ』（福音館）です。ストーリーテリング（話を覚えて語る方法）の第1号にもしました。このお話を語ると小学校1年生から中学校3年生まで聞いてくれます。後で，松居友さんが『わたしの絵本体験』（大和書房）の中で，「畏れ」という言葉を使って『プンクマインチャ』について書いていらっしゃるのを見つけました。その文章で意図するものがよくわかりました。本との思わぬ出会いができるのが，この試みのおもしろいところです。

　他の人の好みの本を聞くというのもおもしろいです。公共図書館や書店で本が好きな人に会ったら「おすすめの本教えて」と頼んでみましょう。自分が手を出さない本を選んでくれます。新しい人を紹介してもらって知り合いの輪が広がっていくような感じです。「よくぞ，私の前に来てくださいました」とお礼がいいたくなるような本があります。自分が好きな本をたくさん持つのが，本情報に強くなる1歩です。

⑤ 品ぞろえのよい書店に立ち寄る

　絵本，児童書の充実している書店に行って，新刊やロングセラーをチェック。そこに本に詳しい人がいると，本の情報がもらえます。書店によって機関誌を出したりホームページを開設していたりもします。もちろん，立ち寄るだけではなく買わないといけませんが。よい本を選んで買って行くというのも，子どものための出版状況をよくすることにつながりますから。（この本が欲しいと思っても実際に調べてみると絶版の場合が多いです。）

5　図書費を有効に使う工夫

　図書予算は市町村によって，また，公立か私立かによって随分差があります。けれども「これで十分です」という学校はごくわずかではないでしょうか？　限られた予算を有効に使う工夫をしましょう。

①　今年度，授業で使う本を優先する

　本は宝物ですが，使ってこそ真価が出るもの。予算がない中で，まず誰も見ないような豪華な全集はいりません。「あったらいい」という本ではなく「7月に使う本」というように具体的な授業予定のある本を優先的に入れます。

　「学校図書館は本が好きな子が休み時間に行くところ」では，利用は一部の子に限られてしまいます。授業で使えば全員が本に触れられるというのが学校図書館のよいところです。

　こういう「全員が」といういい方をしたら，ある研修会で「本人の意志を尊重しない。学校図書館はそういうところではない」と反論がありました。休み時間に来たくても来られない子もいるのです。外で遊ぶのに忙しいからです。天気がよかったら，学校図書館より校庭に行くのが子どもです。運動不足，コミュニケーションが下手といわれる今の子にとって，自由に校庭で遊べる休み時間は貴重です。それから委員会や係の仕事もあります。授業中にゆっくり本に接する時間を確保したいものです。

　具体的に図書を使った授業の案が出ていない場合は，まず担当する先生の授業で使ってください。本を使った授業例は3章で紹介しますが「この単元は本を使って進めよう」と決めておいて，年度始めに図書を発注しておきます。

②　子どもが読みたい本を各学年バランスよく入れる

　学校図書館の担当になると，子どもが自分から手に取る本，すすめたら読む本，すすめても読みたがらない本がわかってきます。すすめても読みそうもない本ははじめから入れないようにします。お金の無駄遣いです。

　すすめても読まない本は，分厚い名作全集や，布張りや絵のない作家の全集や，文字が小さくぎっしりと入っている本です。これらの本は先生方の研究資料にはなるかもしれませんが，子どもにはなかなか読まれません。セットになっている本もあまり読まれません。どうも，同じ装丁でずらりと並んでいるだけで拒絶されてしまうようです。

　ですから，セットになっている本は全部買ったとしても何冊かずつ時期をずらして出すというのも一つの方法です。全部買わずに何冊か買って様子を見て，また注文するというやり方もあります。1セット2万円，3万円という本が手に取られずに古くなっていって

2章　図書資料の充実をはかる

後期リストの例　　　　　（　）は調べ学習でよかった本

書　名	出版社名	著者名	主に使う学年
おおきくなあれひよこのチェスター	こぐま社	ジェーン・バートン	（2年生）
からすのパンやさん	偕成社	加古里子	（3年生）
しょうぼうじどうしゃ　じぷた	福音館	渡辺茂男	（1年生）
だれもしらない大ニュース	ほるぷ出版	長　新太	2〜4年生
岩石のしらべかた	岩崎書店	稲森　潤	（6年生）
岩石と鉱物の図鑑	小学館	須藤俊男	（6年生）
赤い目のドラゴン	岩波書店	リンドグレーン	1〜6年生
たにんどんぶり	講談社	あかねるつ	4〜6年生
おれがあいつであいつがおれで	旺文社	山中　恒	5・6年生
さよならピーマン	講談社	舟崎靖子	（2年生）
鳥の巣の本	岩崎書店	鈴木まもる	（2年生）
どうくつをたんけんする（たくさんのふしぎ傑作集）	福音館	堀内誠一	（5年生）
ひょうざん	福音館	ローマ・ガンス（文）ブラディミール・ボブリ（絵）	（5年生）
いちご（青い鳥文庫）1〜5	講談社	倉橋燿子	5・6年生
かたあしだちょうのエルフ	ポプラ社	おのきがく	1〜3年生
おはなしちびまる子ちゃん　1〜5	集英社	さくらももこ	4〜6年生
モンスター・ホテルで　おめでとう	小峰書店	柏葉幸子	1〜4年生
モンスター・ホテルで　こんばんは	小峰書店	柏葉幸子	1〜4年生
よかったねネッドくん	偕成社	チャーリップ	1〜3年生
霧のむこうのふしぎな町	講談社	柏葉幸子	4〜6年生
かいけつゾロリのテレビゲームききいっぱつ	ポプラ社	原ゆたか	1〜6年生
かいけつゾロリの大金もち	ポプラ社	原ゆたか	1〜6年生
人魚亭夢物語	小峰書店	村山早紀	5・6年生
2095年への旅	岩波書店	ジョン・シェスカ	5・6年生
しまのないトラ	偕成社	斉藤　洋	2・3年生
すえっこメリーメリー	大日本図書	ジョーン・ロビンソン	2・3年生
ズッコケ海底大陸の秘密	ポプラ社	那須正幹	3〜6年生
ズッコケ三人組のバック・トゥ・ザ・フューチャー	ポプラ社	那須正幹	3〜6年生
いきものはともだち	保育社	実野恒久	（1年生）
ほーら大きくなったでしょ　うさぎ	評論社	アンジェラ・ロイストン（文）バーリィ・ワッツ（写真）	（1年生）
パスワードシリーズ（青い鳥文庫）	講談社	松原秀行	5・6年生

はもったいないです。

　「読む本」は9類の文学だけではありません。図鑑類も子どもたちは大好きです。図鑑の中で一番人気のあるのは，何といっても恐竜です。恐竜の本で外れたことはありません。動物の図鑑，中でもハムスター，イヌ，ネコのように実際に飼える動物の本も読まれます。魚，虫の本も好きな子がいます。乗り物が好きな子もたくさんいます。

　女の子が好きなのは料理や手芸の本です。小学校高学年以上だったら，お菓子作りの本は大好きでよく借りていきます。家庭科でグループごとに考えてお菓子を作る，パーティ向きの献立を作るというようなときに借りに来ます。

　子どもが好きになりそうな本は常にチェックして，リストを作っておきます。年度当初のあわただしい時期になってたくさんのカタログを見たり，大急ぎでリストを作ったりしないですむように，予算を使い切ったときから次年度に向けてメモしてためておきます。もし，これを読まれている時期が年度当初で，発注しなければいけない時期でしたら，図書担当を何年かやっている方に聞いてみると早いです。必ずその学校で人気のある本がありますから，それを注文してみてください。

　できることなら，本は手に取って実際に見て「私だったらおもしろいだろうか？」「あの子はこれが好きだろうか？」「〇年生にこの本はいいだろうか？」と，1冊ずつ吟味したいものです。それが無理でしたら，本の紹介がよく出ているカタログを利用してください。

　ですから，発注リストは一度では作れません。何度も書いてよく考えて決めていきます。また，他でも書きましたが，図書購入の予算は一度に全額使ってしまわずに後期に残しておきます。

　後期リストの例をあげます。ほとんど予算が残っていなかったのですが，各学年バランスよく授業との関連も配慮して作りました（37頁参照）。

③　手作りの資料集を作っておく

　公共機関のパンフレットや，広報誌，タウン誌，広告，新聞の切り抜き記事，よく見ると資料になるものはたくさんあります。集めて冊子のような体裁にしておくと，役に立ちます。校外学習，修学旅行などの資料もファイルにまとめて資料にしておきます。

　公共図書館で証城寺のたぬきばやしについて調べていたら，銀行のパンフレットに民話特集があったので，それを学校図書館で集めて冊子にして置いたことがありました。

　総合的な学習でもこのような身近な資料が役に立ちます。また，子どもたちにも資料を見る目が養われてきます。

　いろいろやってみましたが，次の方法が簡単きれいにできて保存にも便利でした。市販の2つ穴のファイルA4版に上質紙（薄い画用紙でも）50枚くらいに穴をあけて綴じておきます。このくらいの枚数だと，立てたとき背に書いたタイトルも見えます。そこに，

見つかった資料をはっていきます。余白にどこからの資料かということと日付を入れます。大きさが同じパンフレットだったら穴をあけて綴じていくだけでできます。こういう資料集は，授業で何人か来たときにばらばらにして一度に何人も見られるという利点もあります。タイトルはおおざっぱに「環境問題」「県の産業」などにしました。

　この手作り資料があったら，環境問題の本を2セット買うところを1セットにして来年に次のセットを買う予算にしておけます。その分，他の分野の本が注文できます。

④　雑誌を入れる

　本だけではなく雑誌も入れると，毎月新しいものが入ってくるので，学校図書館に活気が出てきます。本の予算に入れられない学校は消耗品のお金，委員会活動費から出したところもありました。市によっては雑誌として別枠予算の学校もあります。

　小学校では，『たくさんのふしぎ』『こどものとも』『おおきなぽけっと』（福音館）がよく入れられます。雑誌が本のような装丁になったものもあります。雑誌で楽しさを知って，本に結びついていくこともあります。

　中学校では『ＭＯＥ』（白泉社）やスポーツ関係，音楽関係が人気があります。中学生は新しいものに敏感ですから，雑誌が見たくて学校図書館に来て，雰囲気になじんでいくというメリットもあります。雑誌をきっかけに学校司書と話すようになった子もいます。

⑤　予算はふやせないか？　寄贈は？

　これは担当者の力ではどうしようもありません。でも「予算が足りない」と，いつもぼやいていると，思わぬところから援助が来る場合もあります。

　ある中学校では，図書整理に来てくださったＰＴＡの役員さんが実態を知り，バザーのお金を一部回してくださったそうです。ベルマークでも本が入れられます。まれに，学校に本のお金を寄付したいという方があったりもします。

　学校全体の様々な場所でお金がいりますから，無理はいえませんが，どこかからいただけるものなら回してもらって，1冊でも多く子どもに本を届けてあげましょう。担当者の熱意が伝わって得られるものかもしれません。

　本の寄贈は呼びかけるとあります。ある学校では伝記・名作コーナーの本はほとんど寄贈でできていました。家庭向きで，学級文庫など身近に置いたほうが読まれそうな薄い本もありましたので，検討して学級に回しました。呼びかける際に背文字が読める本をお願いします。あまり古い本が来ても困るので，出版して5年以内の本，図鑑，シリーズの指定などをするとよいでしょう。

3章

学習に生かす学校図書館

　学校図書館は授業に使ってこそ，その使命を果たすといってもいい過ぎではありません。それは，指導が入った使い方です。学校図書館に子どもたちを入れて，「好きに調べなさい」ではなく個々が本や学校図書館を使いきれるように細かく見てください。

1　授業での使われ方，3つの段階

　学校図書館の授業での使われ方には，次のような段階があります。
① 　子どもたちがわからないことを学校図書館で個人個人で調べる。
② 　教師がどんな本が必要か学校司書，司書教諭にいっておき，あらかじめさがしておいてもらう。あるいは，下見をしてどんな本があるかだいたい把握しておく。
③ 　クラス全員が本を使って調べるために，単元のめあてや個人・グループのテーマなどを学校司書にいっておき，公共図書館や近隣の学校から本を集めてもらう。学校司書や司書教諭がT・Tとして加わることもある。

①について

　この方法は，いつでもすぐにできます。多少整っていない学校図書館でも，学校司書や司書教諭がいなくてもできます。子どもは本が好きですからよくさがします。
　学校図書館に調べに行くときには各自にしっかりめあてを持たせます。初めは担任と全員で行って使い方や調べ方を確認してください。ただ学校図書館に行かせるだけでは学習にならないこともあります。
　学校図書館に学校司書がいる学校でしたら，何校時にどの教科で何を調べるのかを，せ

めて朝のうちにいっておきます。学校図書館利用の進んだ学校では他のクラスと重なることもあるので，専用の黒板やホワイトボードに利用時間を書くようにします。

②について

　学校図書館にはそんなに多くの資料はありません。学校司書がいる学校では，必要な本を何日か前にいってさがしておいてもらうと便利です。また，授業をする先生がその資料に目を通しておくと，授業が無駄なく進みます。

　「子どもが自分で資料をさがすのも勉強」といいますが，それは，資料がある場所でいえることです。資料がどこにもない部屋，あるいはあっても1，2冊の部屋に40人の子どもを入れても学習にはなりません。それならば何冊ぐらいあるかわかっていれば，グループで見る，あるいは，必要なところだけコピーしておくというように，少ないなりの方法があります。

　学校司書や司書教諭に協力してもらえる学校でしたら，授業のめあてをわかってもらい，いっしょに授業が進められます。学校司書や司書教諭は，どの学年でどんな学習をするのか把握しておいて，図書の整理をするときに，その本が何年生の学習に関連するかを考えておきます。学校図書館にも各学年の教科書や指導計画があるといいでしょう。

　教科書は改訂がありますが大きく変わるところは少ないですから，調べに来たことを記録しておくと次年度に役立ちます。学年ごとに教科書の主な単元を書き抜いて，それに必要な本でどんなものが自分の学校にあるか把握するとすぐに使えます。

③について

　こういう形で，本を使った学習ができると，子どもたちにとても力がつきます。調べたいことが出ている本が1人に2，3冊あるとゆっくり学習できます。市内の公共図書館と学校がコンピュータでつながっている学校なら，この学習はとてもやりやすいです。本を運ぶルートもしっかりできています。

　その際困るのは，何校かが同時期に同じ授業を展開する場合です。ですから，各学校の図書館担当者で相談して単元をずらして学習するというのも1つの方法です。この方法が定着している学校では，だんだん学校の蔵書もそれに合わせて揃えていきますので公共図書館から借りる冊数が減るとのことです。

　市内で連携が取れていない学校でも，学校司書や司書教諭の力を借りれば，本を使ったいい授業ができます。公共図書館の集団貸し出しを利用して本をたくさん借りてきます。集団貸し出しをしていない地域では，個人で借りてきて授業で使います。あるいは，近隣の学校から借りてきます。

　その際心配なのが，本の紛失です。本を借りてきたら，書名，出版社名，登録番号を控

えておきます。授業の前後にそれを見て確認していきます。公共のものをみんなで大切に使っていくという気持ちを持たせることも大切です。

　こういう授業を展開する際には，授業の始めにどんな本があるのかを紹介して，自分の目的の本をすぐさがせるようにしておくのも効率のよい方法です。例えば，6年生で人体について調べるとすると，「骨格」か「血液の循環」か「消化器」かに分けておいて，調べたい本のコーナーに先に行かせます。

　このような学習を経験させておくと，今度は個人で休み時間に学校図書館で調べたり，公共図書館に行って調べたりする子が出てきます。また，コンピュータがすぐに使える学校では，必要なことを調べて本の資料と併用する方法もあります。学習内容によってはパンフレットや広告も使えますし，実際に見たり，聞き取り調査をすることもあります。本だけに限らず様々な方法で調べてふくらませていくことができます。

　こういう学習では指導者がしっかりと子どもを支えていく必要があります。どんな資料があるか，どういうまとめ方がいいかアドバイスしていきます。そのためにも教科を指導する先生と学校司書，司書教諭が協力していきます。

2　授業者と図書担当者（図書主任・司書教諭・学校司書）の連携体制

　図書活動の研究に力を入れている学校であれば，研修の時間に打ち合わせができますが，そうでない場合，ゆっくり話し合う時間はなかなか取れません。本当に先生は忙しいです。せめて学校図書館が職員室のそばにあったらいいのですが。

　そのような中でも連携を取っていく方法はたくさんあります。

①　図書主任・司書教諭のみの学校

　図書主任・司書教諭といっても，担当するクラスや教科がありますから，授業中の協力はむずかしいでしょう。それでも学校図書館の環境作りには協力できます。

　具体的にはこんな例です。立ち話で「今度，人権問題について本を使って学習したいけど，どんな本がある？　最近そういう本買った？」などと話題が出たら，協力します。職員室，廊下ででもそういう話題が出るということに，意義があります。図書主任・司書教諭は学校図書館に行ってみるでしょう。教科を教える先生以外にもう一人の先生がいっしょに本をさがす，それだけでも1歩です。そこに以前，同じような学習をした先生もいたら，「○○図書館に，いい資料があった」という情報も入るかもしれません。

　図書主任・司書教諭があいている時間や図書委員会の時間に，学校図書館に「人権問題コーナー」を作っておくこともできます。その学習でできた子どもの資料をそばに掲示し

てもいいでしょう。図書委員会の活動とつなげて関連する本のクイズを出しても喜ばれますし、他の学年にも広まっていきます。学校図書館に活気が出てきます。

あるいは、図書主任・司書教諭の方から先に「人権問題コーナー」を作っておいて、授業での活用を呼びかけることもできます。図書主任・司書教諭の学年で使うと、よい実践例になります。授業例をまとめておいて、年度末や年度始めなどに紹介する方法もあります。「今度はうちの学年も」「うちのクラスも」という声があがればしめたものです。

小学校であれば、学校で飼育している動物の本を揃えて生活科で使えるようにしておきます。写真絵本やペットの飼い方の本を集めておきます。それを1、2年生の先生に紹介してください。授業で使ったら、子どもの反応はどうだったか、どのように活用したかを聞いておきます。授業が終わったら本の表紙を見せた特集コーナーを作ります。子どもが授業で書いたものなどがあったら、並べて掲示したり、図書クイズを出しておいたりします。学年・学級の授業に密着した実践を集めて、学校図書館を充実させていきます。学校図書館を利用した授業では、「読書」の時間が多くなります。子どもたちにすすめる本をめだつように展示すると読んでもらえます。司書教諭が常時学校図書館にいられない分を補う方法を工夫してください。

今まで学校図書館があまり使われていなかった学校では、学校図書館が市民権（？）を得るまでとても時間がかかります。なかったものが新しくできたのなら注目もされますが、今まで単に本の置き場所とされていた学校図書館でしたら、そうそう利用はされません。学校図書館らしく学習に利用されて、休み時間にカウンター前に列ができるまでには時間がかかります。

何にそんなに時間がかかるかというと、先生に学校図書館に関心を持ってもらうことにです。子どもはちょっとした工夫ですぐに来てくれるようになりますが、先生はもう従来のスタイルができているのでむずかしいです。「本がいいってわかってるけど、行く時間がなくて」よくいわれる言葉です。ですから司書教諭が学校図書館を授業で使いやすいように整え、実際に授業をして実践例を作って紹介し、先生方が気軽に使えるようにしていってください。1人の先生が学校図書館を利用した授業をしようと思ったら、1クラス21人から40人の子どもが学校図書館を利用します。中学校では学年全部が使えます。

② 学校司書が配置されている学校

学校司書は学校図書館で働いている以上、できるだけ授業に関わっていく工夫がいります。学校図書館を授業で使うときにはいっしょに参加して、子どもたちが資料をさがすときにアドバイスします。また、先生に他の資料も出して見てもらいます。実際その回の授業で使わなくても、次の授業で使えるかもしれません。尋ねられた資料は必ずさがすようにします。公共図書館に行って見てきてもいいですし、近隣の学校司書に問い合わせる方

法もあります。関係する機関に電話をして資料を送ってもらうこともできます。先生方は勤務時間内は子どもたちに関わっていますので資料をさがす時間はありません。そこで，学校司書の出番です。

　直接資料を聞かれなくても，子どもたちが調べに来る様子でどんな学習をしているかわかりますから，「こういう本もあります」と後で先生に渡すこともできます。学校図書館を使った学習では，よく最後のまとめの発表会をしますので，その授業を見せてもらうと，どんな資料が子どもたちに使われたのかがわかって，次への参考になります。授業に積極的に関わってくれる学校司書だということを先生にわかってもらうと，また，学校図書館が利用されるようになります。

　時間を決めて話し合って授業の始めから学校司書がT・Tとして参加する方法もありますが，その時間がなかなか取れません。自然に入っていって授業の支援をしていくほうが，どの学級にもサービスできます。ですから，学校司書は学級数分の何通りもの関わり方をしていくことになります。先生から求められなくても，どの学級や先生にも支援していく姿勢を持ってください。授業と連携する中で子どもたちとの接点が増えます。それが，日常的な読書にもつながり，司書の人がいるから学校図書館に行こうという気持ちを持ってもらえます。特に中学校では1人の先生と連携すると，1学年全部の生徒と接することができて利用者が増えます。

　学校司書は1年契約であったり，来年度異動があるかもしれない，あるいは事情で今年度だけやるというように，1校で長く継続していくのがむずかしい人もいます。ですから次に引き継ぎできるように，できるだけ丁寧に記録を取っておきます。何年生のどういう時期にどんな授業でどんな資料が使えたか，また，改善点などを記録しておきます。

　そして教科書をできるだけ見て，その単元のめあてを知ってください。先生が授業で使う指導書やその学校の年間指導計画を見せてもらって，だいたいの流れを頭に入れておくといいかもしれません。教科書の内容を知って子どもや先生に本を紹介するのとそうでないのでは，やはり質が違ってきます。

　職員室に机をもらうと，先生から資料や協力の依頼が受けやすくなります。授業の様子を見て必要な資料が足りなかったら，公共図書館で借りてきて先生に紹介します。または関連するパンフレットなどを出します。口で説明する前に自分が実際に動いて，学校司書の協力方法をわかってもらいます。また，教師側からも，協力を頼んで授業を組み立てていってください。それが学校図書館に「人」がいる利点ですから。

3　本を使う技能

　これはどちらかというと，教科の先生や，担任の指導範囲になります。図書主任・司書

3章　学習に生かす学校図書館

教諭は学校全体を考えて，何年生でどんな技能を身につけるか計画します。毎年，年度当初には見なおし，確認します。

おおまかな指導内容は次のようなものです。

小学校低学年	図鑑の見方，目次・索引の使い方 学校図書館内の本の分類の理解
小学校中学年	国語辞典の使い方，地図やグラフなどの資料の見方
小学校高学年	漢和辞典の使い方，百科事典の使い方 年鑑，新聞雑誌，冊子などの資料利用方法 ファイル資料作りと利用，著作権，奥付の見方
中学校	参考図書，各種事典類の利用 新聞，雑誌，冊子，ファイル資料の利用，著作権，奥付の見方

これらの指導内容は，常時学校図書館にいる学校司書も頭に入れておいて，子どもたちにアドバイスしていってください。この年齢別の内容は目安ですから，できていないところはさかのぼって指導しますし，わかっている子は次の段階も教えていきます。コンピュータを使った学習については，9章を参考にしてください。

学校図書館に連れて行って「さあ，調べなさい」といってもなかなかできるものではありません。まず，自分が調べるめあてをはっきり持たせます。が，調べたい内容がどの本にあるのかわかりません。例えば4年生が，雪国の，主に新潟県の暮らしを調べたいときにどの本を見たらいいでしょうか？　『雪国のくらし』という書名があれば，すぐにわかります。新潟県が書名に入っている本もよさそうです。地域別だったら，新潟県は「中部地方」に入るということも教えないとわかりません。百科事典，子ども百科事典だったら，雪の「ゆ」の出ている本，新潟の「に」の出ている本が使えます。これも4年生では指導しないとむずかしいことです。さらに教科別の学習百科事典があれば，詳しく内容も出ています。産物や気候まで調べられる子には『朝日ジュニア百科年鑑』（朝日新聞社）が便利です。その際，目次と索引を必ず見せてください。こういうことを1つの課題を例に全員に教えてください。こうすると，自分で本を見つける方法がわかってきます。「ここにも調べたいことが出ていました」という子が出てきます。

次に見つけた資料をきちんと読ませます。説明している文章を読まない子，内容を読み取れない子，どこを読んだらいいのかわからない子もいるのです。絵だけを見て，どれを写そうかということを先に考える子もいます。それはどうしてかとよく見ていてわかりま

した。調べたことを新聞形式に各自でまとめる，あるいは模造紙や画用紙に絵をつけて書いて発表するということを先に考えているからです。また，グループで先に分担をして絵を描く子，文章を描く子と分けていたりもします。

　本で調べるときには，まず読まなければいけません。ですから，学校図書館で学習するときにはノートを持って来させ，まずメモを取らせます。4年生くらいには箇条書きができるようになっていますから，わかったことを書き抜くようにさせます。「時間内に○個以上書き抜きましょう」というようなことを練習にしてみるのも喜びます。こうして，調べる内容が頭に入ってから発表方法を考えさせます。

　調べる学習をするときに学校図書館を使うと，場所が違うのではしゃいでしまう子がいたりしますが，慣れれば学習できるようになります。学校図書館には百科事典や辞書，冊子，ファイル資料もあるので，ひらめいたときにそこですぐに見ることができて便利です。「雪国」でしたら，月ごとの行事をまとめた本で「かまくら」を見つけて絵を描いたりすることもできますし，理科の「気象」の本が参考になるかもしれません。また，各自で借りて行くよりも学校図書館でその場で見てその場で返せるほうが手間がかかりませんし，友だちといっしょに見ることもしやすいです。教室に持っていくと，全員，きちんと返したか確認するのにも時間がかかりました。

　スペースがあれば，全員が教科書・ノートを持って来て学校図書館で学習するほうが目も行き届いて指導がしやすくなります。学校司書もできれば協力して，調べ方のわからない子に本をすすめたり，見るページをいっしょにさがしたりしてください。

4　本を使った学習

　本を使う学習というと，今までは社会科において多く実施されてきました。地理，歴史，どちらも本を資料にすると深められるからです。しかし，どの教科も本を使うとさらに深められる単元や興味を増す内容があります。「総合的な学習の時間」は本で調べることに重点が置かれる場面も出てきます。1人1人が課題を持って取り組むときに導いてくれるのが本だからです。ですから，指導する教師はそこを見越して，本の注文の段階から考慮しなければいけません。

　本を選ぶ際には，その本をどのように子どもたちが使うかを考えてください。カタログだけをさっと見て短時間で選ぶようなことはせずに，子どもたちが学習するめあてや，どこまで考えさせるかなど，広い視野に立つ必要があります。やはりここでも，学校司書・司書教諭が「こういう本はどうだろうか？」というような提案ができるように本に詳しくなってほしいものです。それには本を見ることと，実際に使う様子を見てみることです。各学年がどの単元で調べる学習をするか，計画を立てておくと本の内容に詳しくなれます

し，子どもたちもそこで本の使い方を覚えていきます。「総合的な学習の時間」というと何か特別な学習方法のようにとらえられるかもしれませんが，低学年からの地道な積み重ねがあってこそ実現するものです。教科書単元を一つの入り口にすると，日常の学習の中で本を使った学習方法が身についていきます。

　国語（教育出版）を例に取りますと，小学校1年生では，「はたらく車」がちょうどいい単元になります。図鑑に親しむチャンスです。目次，索引を見る練習もしてください。文字を読んで大切なことを見つける練習をし，それを書き写します。2年生になったら，やはり国語の「さけが大きくなるまで」の学習の発展で本が使えます。動物が生まれるまでや，生まれてからの成長過程の本はとてもたくさん出ています。子どもたちは動物の本が大好きなので喜んで読みます。文学作品だけではなく，図鑑や説明文を読んでいくのも読む学習になります。2年生は要点を抜き出して書くこともできるようになってきます。こういう学習を国語に限らず，1学期に1回ぐらい取り組んでいくと本の選び方，調べ方，まとめ方などができるようになります。1回目は細かな指導が必要になりますが，回を重ねるうちに子どもたちだけでできるようになります。

　司書教諭は，計画を学校全体に提案してみてください。すぐに全部の先生がするとは限りませんが，だんだん広まっていきます。担当するクラス，学年でまず始めてみてください。

　学校司書でしたら，図書に関心のある先生に持ちかけてみてください。1クラスの1単元にじっくり関わることで見えてくるものがたくさんあります。子どもたちがどこでつまずくのか，どういう本が使いやすいのか，それを覚えて次に生かしていってください。

5　学校司書が協力した実践例

　次にあげる授業実践例は，図書の研究校のものではありません。廊下での立ち話，休み時間の簡単な打ち合わせで協力していった授業です。学校図書館のまだ整っていない学校もありました。ここでは学校司書が協力しましたが，司書教諭の都合があえば同じようなことができます。経験豊かな教員が司書教諭になっていたら，T・Tとしてさらにきめ細かな指導が行きとどいて，成果があげられます。

　このような授業例はこれからたくさん出てきます。授業記録などの情報をどんどん他の学校と交換してどんな授業ができるか工夫していくといいと思います。

　中学校の2例は，埼玉県で学校司書としてご活躍の高辻みさ子さんの実践を参考にさせていただいたものです。

実践例1　小学校1年生　国語　11月～12月

単元名　はたらくくるま（説明文）

単元のめあて

　　書いてある事柄を正しく読み取り，自動車のつくりや役目を調べて，わかりやすく絵と文章を書くことが出来るようにする。

指導計画　（28時間扱い）

- 単元全体の内容やめあてをつかみ，段落ごとに読み取る……………………9
- 文字や音読の練習，複写，「自動車」「昆虫」「花」の言葉集め …………5

本時
- 図鑑や絵本でほかの自動車について調べて書く……………………………2
- 書いた作文を読み返して推敲し，友達と読み合う…………………………7
- 学習のまとめと漢字や語句の練習……………………………………………1
- 体を表す言葉の練習，カタカナの言葉集めと練習…………………………4

学校司書が用意した本

　　『北へ南へ日本をかけるトラック便』　　　（ポプラ社）
　　『はたらく自動車』　　　　　　　　　　　（福音館）
　　『おとうさんはしょうぼうかん』　　　　　（あすなろ書房）
　　『おまわりさん』　　　　　　　　　　　　（小峰書店）
　　『のりものこども図鑑』　　　　　　　　　（学習研究社）
　　『自動車博物館』　　　　　　　　　　　　（福音館）
　　『バス』　　　　　　　　　　　　　　　　（小峰書店）
　　『宅配便のしごと』　　　　　　　　　　　（ポプラ社）
　　『まちではたらく自動車』　　　　　　　　（小峰書店）
　　『かじだしゅつどう』　　　　　　　　　　（福音館）
　　『バスではたらく』　　　　　　　　　　　（ポプラ社）
　　『それゆけはしごしゃせいのびくん』　　　（小峰書店）
　　『ゆうびんきょく』　　　　　　　　　　　（小峰書店）
　　『ちいさいしょうぼうしゃ』　　　　　　　（福音館）
　　『じょせつしゃだいかつやく』　　　　　　（福音館）
　　『はたらきもののじょせつしゃけいてぃー』　（福音館）

学校図書館と公共図書館で揃えました。1年生に読めるような本を選びました。
1年生の先生方とあらかじめ本を見て，わかりやすいように，ふせんをつけました。

図書を使った授業の流れ

子どもの活動	担任の先生の指導	学校司書の支援
・働く車について調べて、文章と絵をかくめあてをつかむ。	・本時のめあてを話す。 ・教科書の例をもとに、3つの文で、まとめるように、復習をさせる。	・本の説明。 （担任の先生からでも） 公共図書館の本をなくさないように。 どんな本があるか紹介。
・自分の使う本を決めて、説明の文章を書く。	・個別に支援。	・本が決められない子がいたら、どれがいいかいっしょに考える。
・文章が書けたら、本を見ながら絵を描く。		・どのページを見たらいいかわからない子には、さがす手伝いをする。 ・読めない字や、むずかしい言葉などの質問にこたえる。
・文章を読みなおして完成させる。	・本時のまとめ。	・できあがった作品を見せてもらったら、ほめる。 （作品は50頁参照）

気付いたこと

- 図鑑や絵本がたくさんあるので、楽しい気持ちで活動ができた。
- 図鑑は、説明の文章がむずかしいものがあって理解ができなかった。
- しくみについて書いてある本が少なかった。
- いろいろな本が各自にあるので、それぞれの児童が自分の課題に一生懸命取り組む姿が見られ、作品に心がこもっていた。

子どもたちの書いた絵と説明文

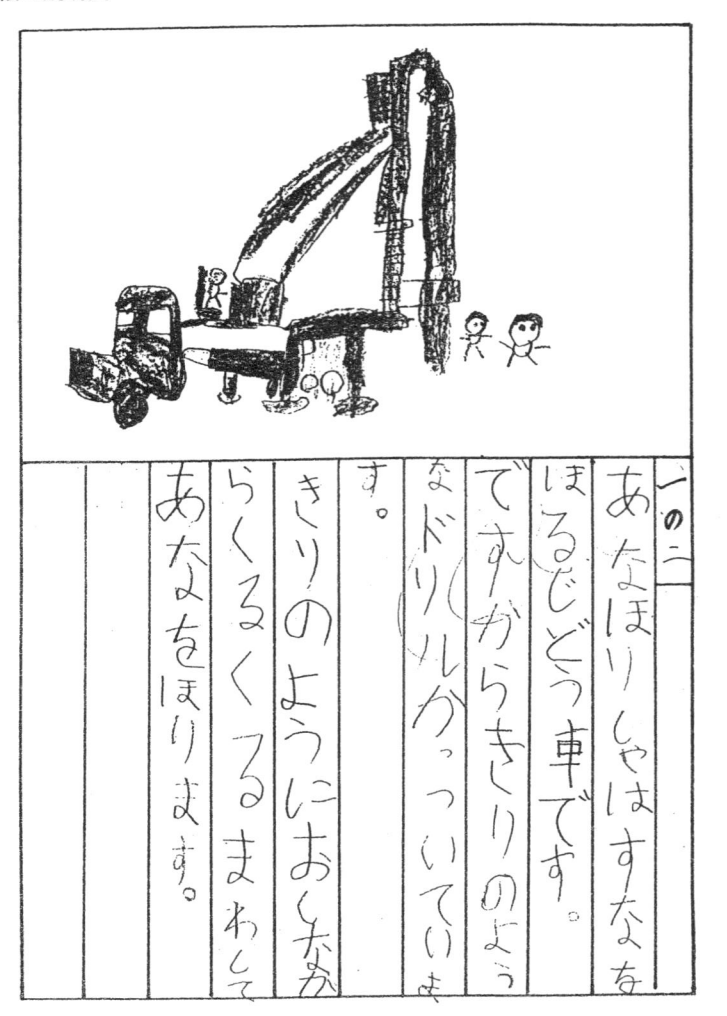

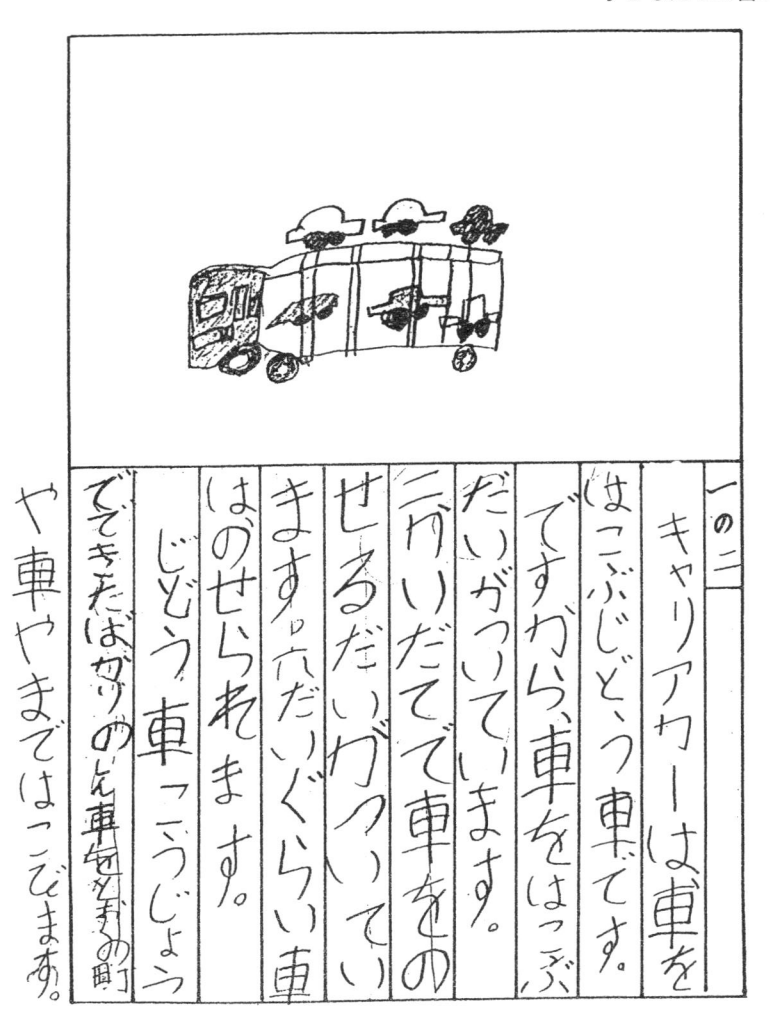

11/6/1
あだちさんがけんせつきかいで
じめんをほっていました。
それからきかいがどんどん
うごいてあなをほっていま
した。
きかいがどんどんうごいて
あなをほっていきます。

11/6/11
きかいをうごかしてあなを
ほっていきます。ぶーんと
おとをたてながらほってい
きます。バケツにすなを
いれてはこんでいきます。
きかいがだんだんうごかな
くなってきます。
うごかないきかいをうご
かしてうごかしうごかして
うごくようにします。

3章　学習に生かす学校図書館

実践例2　小学校4年生　社会科　10月

単元名　きょうどを開く
　　　　　千葉県の文化の発展につくした人々（副読本，すすむ千葉県）

単元のめあて

　地域の発展に役立った先人の優れた業績や開発の工夫などについて調べて，様々な努力や工夫で郷土が築き上げられてきたことを知り，地域社会の一員として発展を願う態度を育てる。

指導計画（5時間扱い）

　　・江戸時代の終わり頃，伊能忠敬によって正確な日本地図が作られたことを知る … 1

本時・忠敬の生い立ちと地図作りの苦労がわかる……………………………………… 2

　　・和田町の花作りの様子と間宮七郎平について知る………………………………… 1

　　・七郎平の苦労や努力がわかる………………………………………………………… 1

学校司書が用意した本

　『千葉の歴史ものがたり』「千葉の歴史ものがたり」編集委員会編（日本標準）

　『千葉県を築いた人々』　千葉県教育研修会社会科教育部会著（旺文社）

　『史蹟と人物でつづる千葉県の歴史』　同上（光文書院）

　『千葉の先人たち』　　　　　　　　　同上（光文書院）

　『房総伝記読み物シリーズ　伊能忠敬』　同上（千葉県書籍教材株式会社）

　各社の百科事典・人物事典

図書を使った授業の流れ

子どもの活動	担任の先生の指導	学校司書の支援
・伊能忠敬について調べるめあてを持つ。	・本時のめあてを話す。	・本について説明する。郷土の本，百科事典の場所を確認する。目次，さくいんの使い方を確認する。
・各自で本で調べたことをノートに抜き書きする。	・質問に答える。	・作業中の質問に答える。
	・本時のまとめをする。	

気付いたこと
- 学校にたくさん千葉県の本があったので，1人に1冊あって，よく調べられた。
- 全員が同じ種類の本ではないので，出ていることが違っていて，「僕が調べたこと」というような気持ちが持てた。
- 図書を使った授業では，グループごとにまとめたり，新聞形式にしたりという活動を入れる授業が多いが，ノートに箇条書きにまとめるという一見地味なまとめ方が，本の内容がよく読めるようだった。それは，グループの場合は話し合い活動，新聞形式ではレイアウトという他の要素が入ってくるためである。普段の授業に本を取り入れたよい例である。
- 学校司書が，郷土の本をまとめたコーナーを作っておいたので，本の場所がわかりやすくなっていて役にたてた。3，4年生では社会で千葉市と千葉県のことを学習するので学校図書館にまとめておくとよいのでは？
- 担任の先生と，数分だが打ち合わせをしておいたので，本がさがしやすかった。

打ち合わせの内容
　　「伊能忠敬については，児童がほとんど知らないので，何をした人か，いつの時代の人か，どんな苦労があったのかの3点をこの時間でつかませたい。」
　調べる内容では，突然，学校図書館に子どもが来て口々に「○○の本ありますか？」というようにいわれる場合もある。そういう質問にその場で答えてもいいが，事前に内容がわかっていると，準備ができて，より内容の充実した授業になる。

実践例3　小学校4年生　社会科　2月

単元名　各地のくらしとわたしたちの国土
　　　　　4，雪国のくらし

単元のめあて
　自然や気候の違いによって，人々の生活が違うことを知り，それぞれの地域で工夫を重ねて産業を起こし，暮らしていることを理解する。

指導計画（6時間扱い）
- 調べる項目とグループ作り・ビデオ試聴「雪国のくらし」……………1
- 学校図書館で新聞つくり……………………………………………………3
- グループの発表とまとめ……………………………………………………2

学校司書が用意した本
　『みんなの日本地理　北海道東北地方』（学習研究社）
　『学研の図鑑　日本の地理　Ⅰ自然とくらし』（学習研究社）
　『学研の図鑑　日本の地理　Ⅱ資源と産業』（学習研究社）
　『学研の図鑑　東北北海道地方　日本の地理6』（学習研究社）
　『新図解　わたしたちの日本地理　東北北海道地方』（学習研究社）

『いろいろな土地とくらし 新おはなし社会科』（国土社）
『教科書に出てくる社会科地名事典』（ポプラ社）**以上公共図書館より借りた資料**
『日本各地のくらし』「雪国のくらし」（ポプラ社）
『日本の地理5』「中部地方」（旺文社）
『旺文社学習図鑑』「機関車，電車」（旺文社）
『ジュニア朝日年鑑』（朝日新聞社）
『学研エリア学習事典・社会』（学習研究社）
『標準学習カラー百科・日本の地理』（学習研究社）

図書を使った授業の流れ

子どもの活動	先生の指導	学校司書の支援
・めあてをつかむ。 ・グループごとに本をさがして，調べたことをまとめる。 まとめは54頁参照。	・3時間の活動のめあてを伝える。 ・個別支援。	・本について説明する。 公共図書館の本を定位置に返す。 目次やさくいんの見方を確認する。 ・質問に答えたり，必要な本をいっしょにさがしたりする。

気付いたこと

- 学校司書の立場では，本に関することの援助が中心となるが，まとめ方がわからない子や字が小さすぎたり，薄すぎたりする子には，教えてあげた方がいい。
- 担任の先生から，次のような紙をいただいてあったので協力しやすかった。

社会科単元　「雪国のくらし」　―――長岡市周辺―――　（6時間扱い）
◇グループによる調べ学習を予定しています。（全6グループ）

　　　学　習　項　目
　・千葉県との気候の違い
　・雪を防ぐ工夫（交通）
　　　　　　　　（建物）
　　　　　　　　（人々）
　・雪を生かした産業（染め物・精密機械）
　・自然とともに生きる人々のくらし（雪祭り・雪の生活用水＆水力発電利用）

第1時	グループ決定・調べる項目の決定・ビデオ鑑賞（雪国のくらし）
第2時	新聞づくり（資料集め＆原稿構成）
第3時	（原稿づくり）　　　　　　　〈図書室利用の予定です〉
第4時	↓　　　（　〃　）→印刷
第5時	グループ発表（1〜3班）
第6時	↓　　　（4〜6班）

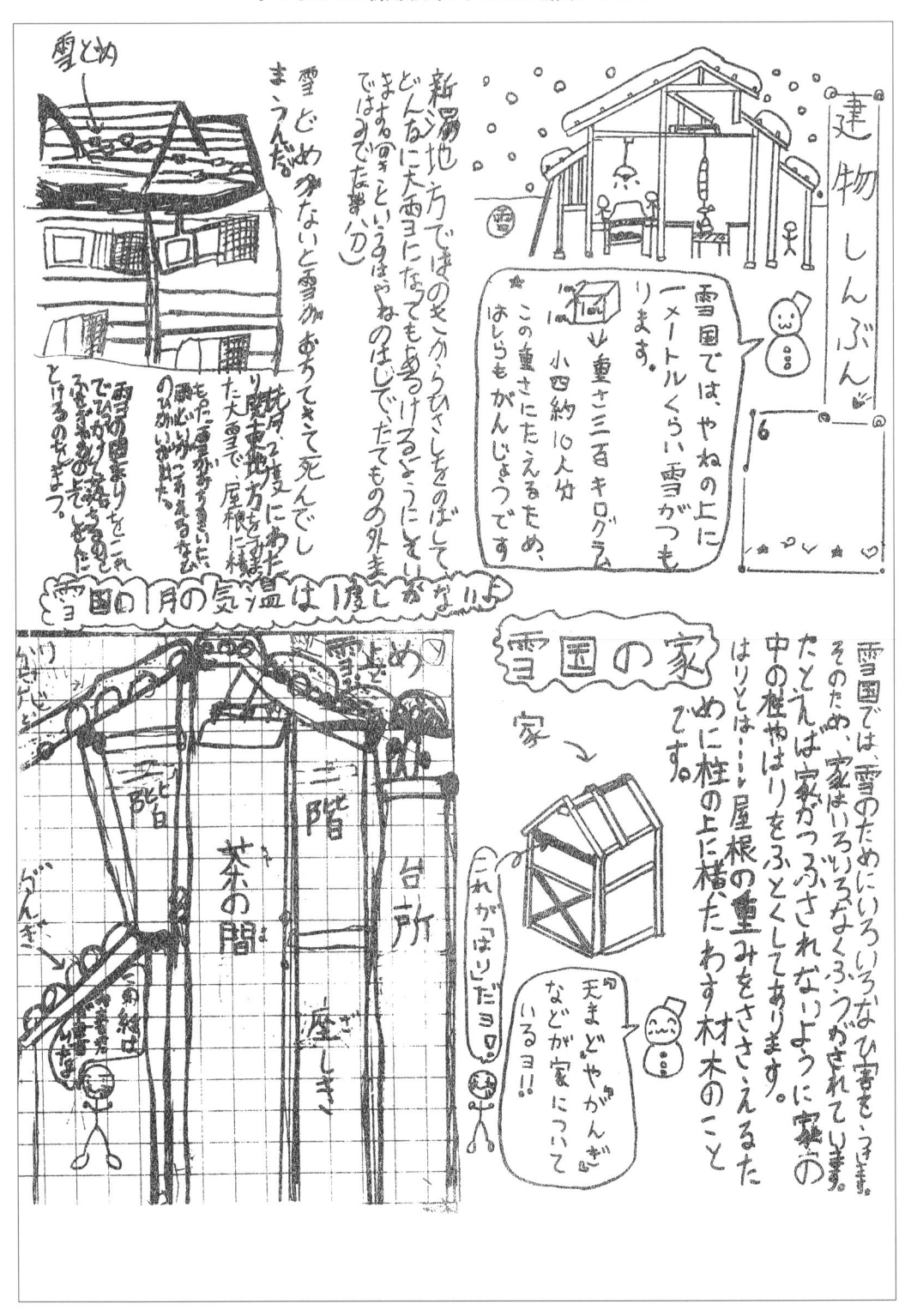

子どもたちが新聞形式にまとめた雪国のくらし

建物しんぶん

雪国では、やねの上に一メートルくらい雪がつもります。
★重さ三〇キログラム
小四約10人分
この重さにたえるため、はしらもがんじょうです。

雪どめ

新潟地方ではのきからひさしをのばしてどんなに大雪になってもあけるようにしてあますという家のやねのはじでたてものの外まではまっすぐ(?)

雪どめがないと雪があちてきて死んでしまうんだよ。

雪国の1月の気温は1度しかないよ

雪国の家

雪国では、雪のためにいろいろなくふうをしています。そのため、家はいろいろなくふうがされています。たとえば家がつぶされないように家の中の柱やはりをふとくしてあります。はりとは…屋根の重みをささえるために柱の上に横たわす材木のこと です。

これが「はり」だヨ！

天まどやがんぎなどが家についているヨ！！

雪どめ
三階
二階
茶の間
台所
ざしき
がんぎ

3章　学習に生かす学校図書館

> **実践例4**　中学校1年生　国語　11月

単元名　竹取物語

単元のめあて

　ほとんどの生徒が知っている「かぐや姫」を，古典文と現代文で味わうことにより，さらに深く読み味わえるようにする。古典に親しむと同時に，我が国の文化や伝統にも関心を持てるようにする。

指導計画（7時間扱い）
- 全文を通読して初発の感想をもつ……………………………………………………1
- 物語の内容を詳しく読み取る。読みの練習
  5人の貴公子の難題を調べるグループを作る……………………………………3

本時
- 5人の貴公子の難題をグループごとに調べて，ワークシートとOHPシートにまとめる………………………………………………………………………………2
- グループの発表をしてまとめる……………………………………………………1

学校司書が用意した本

　『かぐやひめ』与田準一文，朝倉せつ絵（国土社）
　『かぐやひめ』円地文子文，秋野不矩絵（岩崎書店）
　『日本名作絵本16　かぐやひめ』舟崎克彦文（TBSブリタニカ）
　『竹取・落窪物語』田中保隆（ポプラ社）
　『かぐや姫物語』円地文子（岩崎書店）
　『竹取物語』高橋淳（ほるぷ出版）
　『日本の古典文学3　竹取物語・土佐日記』桜井祐三（さ・え・ら書房）
　『竹取物語・伊勢物語』北杜夫・俵万智（講談社）

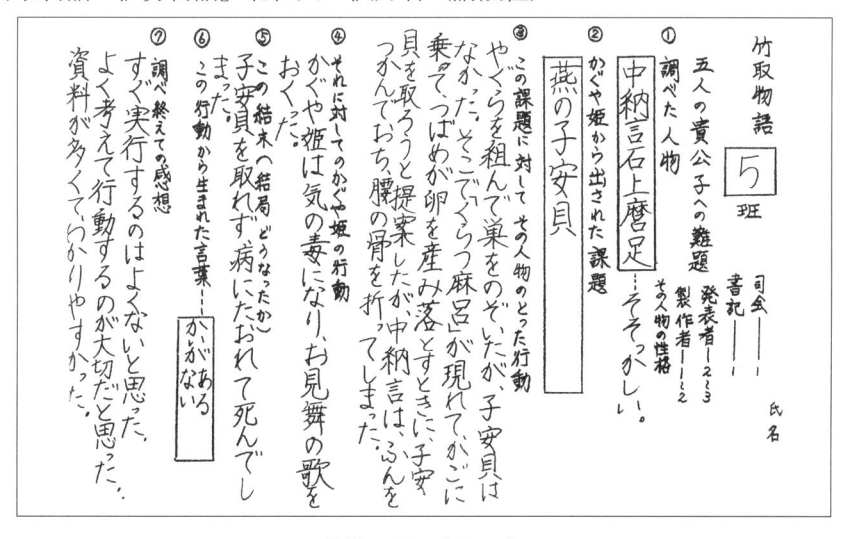

生徒のワークシート

図書を使った授業の流れ

生徒の活動	先生の指導	学校司書の支援
・めあてをつかむ。	・本時のめあてを伝える。	・本の説明をする。どんな本があるか見せる。公共図書館で借りた本を大切にするように話す。
・自分のグループが調べる難題について書かれた文章を各自で読む。	・個別支援。	・質問に答える。
・ワークシートに，調べてわかったことを記入する。		・読んでほしいといわれたグループには朗読をする。
・資料を参考にしながら，OHPシートに絵を描く。		・絵を描く生徒の資料を学校図書館でいっしょにさがす。

気付いたこと

- 学校図書館を使ったグループ学習ということで，楽しそうにしていた。
- リーダーがいて，話し合いが上手なグループと，そうではないところと差が大きいので，うまくグループでできないところは声をかけたり，読むのをいやがる生徒には文章を読んだりした。
- 本が足りないので，コピー，印刷して補ったが，やはり本の方がよい。今回は，県立図書館と市の図書館5箇所と自校のものを使ったが，こういう学習に備えて古典の本を充実させておいた方がよい。あるいは，近隣の学校との連携もできればいいと思う。
- 今回の指導は，埼玉県で司書が協力した授業の展開例を参考にさせていただいたが，中学校でこういう授業例がさらに集められたら，もっと図書の活動が盛んになると思う。
- OHPに描くための資料が少なかったので，古典に関した図鑑や歴史の本をもっと集めたら，さらに興味が深まったと思う。
- 絵本がイメージを描くのに役立った。

実践例5　中学校2年生　家庭科　11月

単元名　食物 青少年の栄養「ブレックファーストを作ろう」

単元のめあて

食物の栄養について正しい知識を持ち，成長に合わせた食べ方を考えると共に，調理実習を通じて，料理の仕方を覚える。

指導計画（4時間扱い）

・食品の栄養素と1日の摂取量を理解する。……………………………………… 1

本時・本を参考にして，グループごとに，卵，ハム，ほうれんそう，食パン，牛乳を使った献立を考えて計画表を作る。………………………………………… 1

・調理実習をして，まとめる。……………………………………………………… 2

学校司書が用意した本

『ひとりでできるもん　うれしいごはん，パン，めん』（金の星社）

『ひとりでできるもん　たのしいたまご』（金の星社）

『おはなしりょうりえほん　たまご』（泰流社）

『朝食のメニュー』（講談社）

『お料理あそび』（岩崎書店）

『みんなのすきなたまご料理』（ポプラ社）

『作ってみようみんなの料理』（ポプラ社）

『たのしい料理』（新日本出版社）

『卵のひみつ』（さ・え・ら書房）

『クニエダヤスエのおもてなしブック』（講談社）

『パンのおかず』（グラフ社）

『パンをおいしく食べる本』（グラフ社）

『野菜のおかず』（婦人画報社）

『サンドイッチとスナック』（学習研究社）

『10分でできる朝ごはん』（文化出版局）

『元気なぼくたちのキッチンフットワーク』（女子栄養大学出版部）

『家庭科の料理』（小峰書店）

『朝ごはんをつくろう』（偕成社）

『たまご料理』（学習研究社）

図書を使った授業の流れ

生徒の活動	先生の指導	学校司書の支援
・本時のめあてをつかむ。	・本時のめあてを伝える。	・本の説明をする。どんな本があるか全員に見せる。「これだけじゃ何にもできない」という声があるので、絵や写真を見せて関心を持たせる。公共図書館の本を大切にするように話す。
・グループごとに本をさがして作るものを決める。 ・メニューが決まったら、作る手順をワークシートに書く。	・個別支援。	・話し合いに参加して、本をいっしょに見る。

気付いたこと

- 自分たちで本を調べてメニューを決めるという活動がめずらしいので、楽しんでいる様子が見られた。
- どのグループも1種類は、本を参考にした料理があったようだった。
- 学校図書館に来ない生徒や、ふだん接点のない生徒とも話す機会ができて、少しは学校図書館や司書に親しみを持ってくれたようである。
- 調理実習では、あまりワークシートや本を見ていなかったところを見ると、本はアイデアのヒントにはなったかもしれない、実際の作り方までは参考にしなかったグループが多かったかもしれない。

4章

本を読む子を育てる学校図書館

　本を読むのはよいことだと誰もが思っていますし，子どもたちに読むようになってほしいと願います。そして，「今の子は本を読まない」「テレビやゲーム，塾や習いごとのせいで読まない」と嘆く人もいます。しかし私は，子どもが読めないのではなく，周りの大人が読めるようにしていないだけだと思います。

　いくつかの条件をそろえてあげれば，ほとんどの子がもっと本を読むようになります。子どもには個性がありますから，全員が同じような読書家になるわけはありません。読むのが好きな子はさらに深まった読書をし，読むのが苦手な子も自分の好みにあった読書方法を身につけていきます。どちらのタイプの子もいっしょにお話を聞いたり，ブックトークに目を輝かせたりして，刺激しあって伸びていきます。それが，学校教育のよさです。小学校や中学校ではあまり読まなくても，もっと大人になってから読み出す子もいます。ペーパーテストのようにすぐに結果が出ませんが，注いだだけの努力が成果としてどこかで必ず出てきます。

　この章では，本を読む子を育てるための学校図書館のあり方をまとめました。

1　子どもは本が好き

　子どもはみんな本が好きです。ただ自分が興味を持てる本に出会うチャンスがない子がいます。また単に読み慣れていないだけで敬遠してしまう子もいます。「学校図書館には読みたい本がない」「公共図書館は部活が終わってから行ったらしまってる」「本は高くて自分では買えない」というような理由で，本と出会えないために読めない子が多いのです。

　そこで司書教諭や学校司書が，子どもと本を結ぶパイプ役，案内人にならなければいけ

ません。子どもを連れて来る先生にも紹介しなければいけません。図書主任のみの学校は，まず理想の学校図書館像を作り，読まれる本を入れてください。図書主任のクラスが率先してクラス全員を学校図書館で読書させて，反応を見ながら整えていってください。

どこの学校でも子どもに人気のある本があります（2章参照）。先を争って読み，予約はいっぱいでした。読書には段階のようなものがあります。これらの親しみやすい本を入り口にして，やがてはテーマのしっかりした本を読む子も出てきます。目が文字を追うことに慣れていないと，内容に魅かれても読みたい本が読めません。まず，子どもが好きな本をどんどん読ませましょう。同時に司書教諭，学校司書，教師など周りの大人が，その子がさらに幅広く読書していけるように環境を整えていきます。環境とは，学校図書館と置かれている本だけではなく，子どもに手渡す方法も含まれます。

2　学校図書館のルール

どんなに子どもが読みたい本を入れても，その本がなくなってしまえば，もう次の子が読めません。当たり前のようですが，次のきまりを徹底します。
①　借りた本は必ず返す。
②　学校図書館から外に持ち出すときには先生も子どもも手続きをする。
③　本を返す期限を守る。

これらを徹底するのは相当大変なことですが，だんだん守れるようになってきます。

年度初めに各クラス一度はオリエンテーションをしてください。転入生や新しい先生もいます。もうよくわかっている子も，貸し出しのきまりを再確認します。返却が遅れている子には，図書委員会からの催促状を渡します。どうしても返さない子には，担任の先生に協力してもらって返却をうながします。低学年からしっかりと身につけさせておきたいルールです。けれども，返却が遅れたからといって厳しすぎる注意はしないでください。学校図書館が嫌いになってしまいますので。

手続きをしないで持ち出されてしまっている本は，原簿と本と貸し出しカードを見ればわかりますから，学期末などに新刊は必ず蔵書点検をしてください。なくなっている本は書き出して廊下などに掲示します。これは図書委員の活動にします。きまりは大人から一方的に押しつけては本当に守れるようにはなりません。子どもたちが自分たちの問題としてとらえていくためにも，図書委員に呼びかけてもらいます。図書委員もこの活動でみんなの本を大切にすることを覚えます。

本はいつも整理しておきます。人気のシリーズは特に，左から番号順に並べていき，休み時間終了ごとにその棚が乱れていない状態にしておきます。

3 本の予約とリクエスト

　読みたい本があって，それを必ず読めるようにするのが魅力的な学校図書館の条件です。人気のある本は予約して順番に読めるようにします。予約した本は他の人にわからないようにプライバシーを守る必要もあります。小学校は，「○○ちゃんも読んでるから読んでみよう」と友だちと同じ本を読む楽しみもあるようです。

　コンピュータが導入されている学校では予約システムはできていますが，カードで貸し出しをしている学校では工夫して予約システムを作ってください。

〈予約の１例〉
1．書名を書いた下に学年，組，氏名を書いておく。
2．予約コーナーにはっておく。
3．本が届いたら，知らせるカードを出す。

　こんな簡単な方法でも，借りたい子が増えて，人気のある本が伝わっていきます。予約中の本はカウンター内にしまっておきます。予約待ちがある本は貸し出す際に子どもに伝えて，期限内にきちんと返却するようにいっておきます。

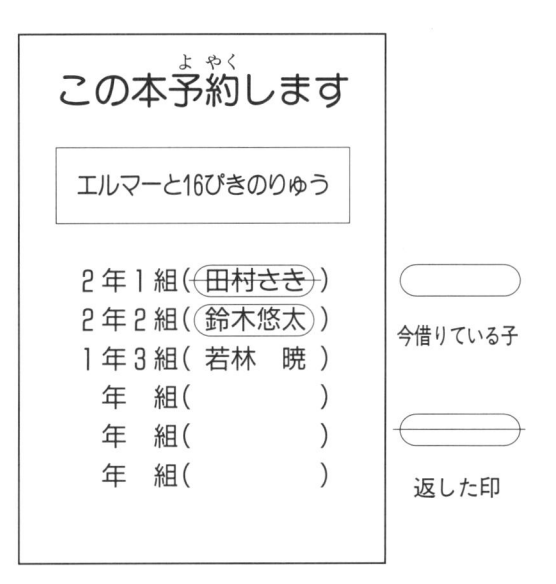

　　　　　　　　　　　　　　　　予約カード

　学校図書館にない本はリクエストになります。伝票処理，台帳記入，本の整備など書店のサービスに任せている部分をきちんとする人がいれば，本はまとめて１回か２回で買う必要はありません。小学校高学年や中学生，高校生でしたら，読みたい本がしっかりできている子もいますから，リクエストに応えて本を入れていくのも利用を高めるコツです。

　市によっては本は備品とみなして，年度当初に一度に注文しなければならないそうですが，消耗品扱いになればもっと時間をかけて，小刻みに本が入れられるので質が向上します。どんな本でもリクエストに応えるのは学校では限界がありますので，そこは司書教諭，学校司書，図書主任，図書委員会の先生など複数で検討してください。

4 読書の時間は学校図書館で

　学校図書館は，図工室や理科室と同じように授業をする部屋という発想を持ってくださ

い。ですから，読書の時間は学校図書館でできるのが理想です。

　優先的に学校図書館を使える配当時間を決めている学校では，その時間を国語の読書で取っているクラスが多いです。決まっていない学校は授業内容に合わせて，1時間の読書の時間をとります。読書の時間をどのように使うかによって子どもたちの本への接し方が大きく変わってきます。司書教諭，学校司書がいる学校ではより効果的に使えます。図書主任だけの学校では，他のクラスの授業に直接関わることはできませんから，本を整えて読書の授業例を紹介すると使ってもらえます。子どもの読書力（意欲，感性，読解力，読むスピード）を養うには，学校図書館に連れて行かなければいけません。

　学校図書館の配当時間には，できるだけ学校図書館で読書をさせてください。読書ができない日は朝の自習などに借りている本の返却と，新しい本を借りる手続きだけはします。それもできない日は，各自で休み時間に行くようにいっておきます。「〇曜日は学校図書館に行く日」というように定着させてください。

　図書館担当者は，1学期に1回は読書推進週間を計画し，どのクラスも学校図書館に行って1時間の読書時間をとるように提案したり，図書委員主催の企画などを組んだりしてください。どのクラスも学校図書館で読書をしたくなるような環境を整えていきます。

5　読書の時間の作り方

①　始まりは全員いっしょに行かせる

　細かなことのようですが大切です。特に小学校低学年はバラバラで学校図書館に行くと，休み時間の感覚になってしまい，せっかくの読書の時間が無駄になります。大人もそうですが，気持ちの入れ方一つで集中力がまったく違います。

　読み聞かせやブックトーク，お話会をするときには，休んでいる子以外は全員参加にしてください。「ドリルが終わらない子は行かない」というようなことのないように。

　また，絨毯敷きの学校図書館でしたら，上履きを揃えてぬぐようにいいます。よその家に行ったときと同じようにさせます。そういう躾までフォローするのが学校図書館です。

②　本の紹介，読み聞かせ，お話，ブックトーク（5分〜20分）

　読書の時間は，すぐに「好きな本を読みましょう」としないで，5分間でも全員に本の紹介などをしてください。内容によっては，1時間使ってのお話会を聞いたり，作業したりするということもあります。

　最近入った本の紹介をしたり，小学校低学年には読み聞かせをしたりします。小学校1年生だったら初めの15分は読み聞かせ，次の15分は自由に読書，残り15分は借りる本を

決めて手続きをさせます。小学校高学年や中学生も読み聞かせは好きですし、年齢が上の子向きの本や展開の仕方があります。ブックトークもします。

担任の先生から教科に関連して紹介してほしい本が知らされていたら、その本をあらかじめ用意しておきます。課題図書、教科書の読書単元で取りあげている本などは、すぐに紹介できます。

図書の年間計画がある学校では、それに沿った内容を考えます。何年生にどんな読書の時間を用意するか、計画を立てておいてください。毎回同じパターンではなく、伝記クイズ大会、集団読書、読書会、辞書引き大会などを企画しましょう。小学校高学年、中学1年生では新聞をファイルする練習など工夫して用意します。

この②の時間が今までの読書の時間にはなかなか取れませんでした。ブックトークはたくさんの本を読んで準備しなければいけませんから、やはり学校司書、司書教諭の仕事になります。中学校では自習時間などが読書に当てられる場合があります。そういうときにすぐに紹介、読み聞かせができる本を何冊か用意しておきます。

図書主任のみの学校では、紹介する本や読み聞かせに向く本を職員室に置いて、他の先生にも使いやすくしてください。同じ本をずっと置いておかず、ときどき交換します。打ち合わせなどで時間があるときに、先生方に本の内容に触れて紹介するのも1つです。図書の時間の実践例をお話ししたりプリントを配ったりします。

③ 本の返却、各自で読書（20分～35分）

本の返却は、授業の始めにはさせません。みんなでいっしょにやることを先にして、それから個人で返却をさせます。

「自由に読書」というと好きなことをする休み時間のようにとらえる子がいます。友だちが読むのを妨げないように、私語をしないで読む習慣をつけさせます。毎回、好きな本を選んで読むというと、読む本が偏ってしまいがちです。いつも図鑑を読む子、少女向き物語を好む子、マンガ形式の本しか手に取らない子、文学作品しか読まない子。いろいろな本を幅広く読めるように、テーマを決めて読むようにもします。

「伝記を読もう」「動物記を読もう」「宮沢賢治の本を読もう」「日本の昔話を読もう」「歴史の本を読もう」「ブックトークで紹介された本を読もう」「読み聞かせしてもらった本と同じ作者の本を読もう」などテーマを設定してください。

このような活動を繰り返すうちに、子どもたちは見違えるほど読書力をつけていきます。そのころには子ども自身による本の紹介なども上手にできるようになります。

私自身が教員だったときの反省ですが、毎回感想を書かせたりするのは避けて、書名、作者名を記録させるくらいが適当です。子どもたちは「書くために読む」ようになって、内容を読んでいないのに挿し絵を写したり、早く書くために飛ばして読んだりしてしまい

ます。
　どうしても文字を読むのが苦手な子には，この時間も読み聞かせをします。数人いたら大人も入って，順番に1頁ずつ読むようにしてもいいです。この方法では，音読が不得意な子はかわいそうですから，読みたい子で順番にさせてください。または，同じ本が何冊かあったり，集団読書用の本があったら，句点の「。」で区切って読むというのがゲームのようで喜ばれます。座って本を読む習慣のついていない子だったら，文字のない絵本をいっしょに見ておしゃべりをしてください。安野光雅の『旅の絵本』（福音館），太田大八の『かさ』（文研出版）などがいいでしょう。

④　本の貸し出し（5分）

　本を借りるかどうかは，ぜひ，本人の自由にさせてください。「必ず1冊は借りる」という約束を作って強要すると，本当に読みたいという気持ちは育てられません。オリエンテーションの日だけは，練習のためにも1冊借りるというぐらいはいいかもしれません。借りていかない子が借りたくなるような，その子にぴったりの本をすすめるというのも学校司書や司書教諭の腕の見せどころです。
　逆に，何冊も借りたがる子がいます。他の子に支障がない本ならば，貸し出してもいいと思います。長い休み前は2冊以上貸し出す学校が多いですが，連休中に読みたいという子があれば，その意欲を買って多めに貸してもいいのではないでしょうか。
　「八犬伝」を全巻借りたいという子がいました。他に誰も借りないので，貸し出しました。「重くない？」と聞いても「だいじょうぶです」と本当にうれしそうに持って行きました。担任の先生からも「教室でも喜んでいた」といわれました。もしこの子が全部読めなかったとしても，「八犬伝」の印象はずっと残って，後日また読むかもしれません。読んだら，この学年の思い出と確かな読書力がつくことでしょう。

6　大切な読書の時間

　読書の時間をどう取るかで，子どもたちの本の読み方は全く違います。5章にあげる実践例は，どれも準備をする時間はわずかです。特別なときを除いて後半は各自で読む時間を取りました。
　読書には，集団で読んだり，読んでもらったりする良さもありますが，最後は個人の作業になります。それはスポーツと同じように，個人が努力してつけていく力です。読む速度や理解力は自分でつけていかなければいけません。聞くのも勉強ですが，自分で本の頁をめくりその世界に分け入って読破させる時間も確保してください。
　どの子も，その子に合ったペースで力をつけていきます。すべての子が50メートル走で

4章　本を読む子を育てる学校図書館

すばらしい記録が出せるわけではありません。でも練習を重ねれば、1人1人のタイムは上がります。それと同じことが読書でもいえるのです。

ある5年生の女の子は半年で読書力を伸ばしました。その子は4年生の最後のほうで、「私は小さい字の本は読まないの。見ると頭が痛くなる」と宣言していました。あんまりはっきりいうので印象に残っていたのです。その5年生のクラスは読書の時間が1学期の間に7回ありました。その度に読み聞かせ、ブックトーク、ストーリーテリングなどを入れていきました。先生と打ち合わせして教科書の読書単元を取りあげたこともありました。

すると、この女の子は本を読む子になっていたのです。ミヒャエル・エンデの『魔法のカクテル』（岩波書店）とカニグズバーグの『魔女ジェニファとわたし』（岩波書店）を続けて借りていきました。「先生、昨日の休み、朝からほとんど1日本読んじゃった。ブックトークの魔法つかいシリーズよかったね。他にもいい本教えて」と、本当にうれしいことをいってくれました。

「ねえ、どうしてそんなに読めるようになったの？」

思わず聞いてしまいました。

「わかんなあい。自然になってたよ。いつのまにか」

もちろん、この子が読書の時間だけで力をつけたわけではないでしょう。ちょうどいいタイミングでいい本に出会えただけのことかもしれません。でも、読書の時間がなかったら、こうはならなかったと思うのです。ですから、伸びる力があるのに単に本に出会えないだけの子、読む時間がとれない子もたくさんいるのではないでしょうか？

この学年の5年生は読書の時間のとり方がクラスによって違ったので、1年間の読書量にずいぶん差が出てしまいました。量だけではなく、本の選び方、学校図書館の使い方などにもきちんと時間をとったかどうかの差が出てきます。

一度、学校図書館で本を借りる習慣のできた子は、授業で使わなくても、定期的に昼休みや放課後に来るようになります。いつも読みかけの本がバッグや机の中にあり、今度は何を読もうかと楽しみにしている読書家になっていきます。やはり、本がある場所に行こうという気持ちを持たせるには、周りの大人の働きかけが必要です。

担任のみでは、読書の時間は課題がなければ、各自が好きな本を読むということになりがちですが、学校司書や司書教諭が入ったら、子どもたちに合った本を揃えて、また学習内容や学年の目標に合わせて、いい読書の時間が作れます。その経験の積み重ねで本を読める子が育っていきます。

充実した読書の時間を作るために、公共図書館の司書やボランティアで入ってもらえる人をさがすのも、1つの方法です。お母さん達で読み聞かせをしてもらうように声をかけると、たいてい本が好きな人がいますから参加してもらえます。あまり広く知られていませんが、地域には文庫活動をしている人がいます。絵本や児童書に詳しく、読み聞かせの

経験も豊富です。どこで活動しているか公共図書館で把握している場合もあるので聞いてみてはどうでしょうか。また，こういった保護者以外のボランティアには謝礼を考えてください。

ボランティアでお話会やブックトークに入る方は，その時間から子どもの読書につながることを意識して工夫すると違います。使った本の紹介を一覧にして1人1人に配ったり，学校図書館にその本のコーナーを作ったり，今なければ書名，出版社名を書いて先生に渡し，次に購入してもらうようにしてください。

授業の枠の中で読書の時間を取っていくのはむずかしいこともあって，朝の読書タイムを取っている学校が増えてきました。読む時間を確保するのはよいことですが，子ども任せにして「好きな本を読みましょう」だけで続けていると，「どんな本がいいかわかりません」「おもしろい本が見つかりません」ということになりがちです。朝の読書タイムを有効に使うためにも，本と子どもの出会いを設定していきます。

7　子どもと本の出会い作り

子どもたちに，「本を読みなさい」と学校図書館に行かせるだけでは，本が好きにはなりません。子どもには，本に関心を持つ情報がないからです。そこで周りの大人が，子どもたちに本の楽しさを味わえる出会いを作っていかなければいけません。それが，読み聞かせ，ストーリーテリング，ブックトークなどです。

①　読み聞かせ

本を読んで聞かせる方法です。原則として自分の学校の本を使います。公共図書館や自宅から持って行く本ならば，近く購入してもらうようにします。

絵本の場合，絵がよく見えるように持ってください。本の位置を読み手の右側か，左側かを決めたら，途中で変えないようにします。聞いている子たちが教室の机に向かっていたら，読み手は立ちます。聞き手が床に座っていたら，読み手は椅子に座るのが見る高さとしてちょうどいいようです。私が運営していた家庭文庫では，昔の小学校の椅子を空色に塗ったものを使っていました。子どもたちはカーペットの上に座っていました。

床に座る場合は，読み手を中心に自然に扇形に座ります。担任の先生はその後ろのほうに座ってもらうといっしょに楽しむ雰囲気になっていいです。まれに，読み聞かせをしている横の机に子どもたちに向かって座る方がいますが，子どもたちは先生に見られているという意識があって気になるようでした。教室の席に着いて行う場合は，机の上に何も出さないようにいいます。床に座る場合も手に何も持たせないようにします。

読み聞かせをするときには，聞き手の子どもたちを見ないようにするという意見もあり

4章 本を読む子を育てる学校図書館

ますが、私はときどき子どもたちのほうを見るようにしています。文字が少ないページは、読んでから絵を見る時間を少し取ります。読んでいる途中で、わからない言葉の質問があったら簡単に答えます。

途中で感想などをいいたがる子には、「後で聞かせてね」と頼んで、先に進んでください。読み手が途中で解説や、「すごいねえ」などという感想を入れないようにします。絵の中で注目してほしい箇所は読みながら指さします。

読み方はあまりオーバーにしませんが、本の雰囲気によって自然に語調は変わってきます。声が聞こえないというのは困りますから、一番後ろの子が聞き入っているかを判断基準に、読む声の大きさを調整します。

学校図書館での読み聞かせ（四街道市立四和小学校）

次のように1冊を丁寧に読んでください。
1．表紙を見せて書名と作者、画家、訳者を読み上げる。小さい子には書名だけ。
2．見返しから、ゆっくり1枚1枚めくる。
3．次のページがすぐ開けるように指をはさんでおくと、間のびしない。
4．読み終わったら、裏表紙を見せる。表表紙とつながっているデザインのときは、開いて両方を見せる。
5．感想などは聞かずに、そっと本を子どもたちの見えるところに立てておく。

子どもたちは絵本だけではなく、文章が多い本もよく聞きます。長い物語のときには、1章ずつ読みます。集団読書のテキストになっている本は、1人に1冊ずつ配り文章を目で追わせながら読み聞かせをすると、文字から受けるイメージも味わえます。

② ストーリーテリング

　お話を覚えて，何も見ないで子どもたちに語って聞かせる方法です。素話，語り，単に「お話」ということもあります。「語り部」というとわかりやすいでしょうか。

　読み聞かせと違うのは，聞き手の子どもたちと顔を見合わせてできることです。読み聞かせとはまた違う感動があります。初めてしたとき，「こんなにも聞いてくれるとは」と驚くほどでした。

　語り手は，お話を覚えるためにたくさん練習をしなければいけません。私は，文章をワープロで打ち直して持ち歩きます。家事をしながら，通勤の車の中で，ありとあらゆるところで，ぶつぶついいながら練習をします。特に，始まりのところがつっかえるといけませんから，口が自然に動くまで繰り返します。

　暗記ではありませんので，お話を頭の中に入れて情景を思い浮べながら話していきます。字面を覚え込もうとするととても大変ですが，ストーリーをしっかり頭に入れると，ほんのちょっとのいい回しの違いは気になりません。

　テキスト（本）にある通りの言葉を使わないで，聞き手に合わせて変えているところもあります。例えば，「エパミナンダス」というよく語られるお話がありますが，その中に「おまえは，ほんとに頭がないねえ」という台詞が出てきます。これをそのまま小学校低学年にすると「え，頭がないの？　こわーい」という子が何人かいます。何度かそういう反応があったので，ここは「おまえは，ほんとにしょうがないねえ」というようにしています。

　語っていくうちに，自然に言葉が変わっていくところもあります。ストーリーテリングは，語り手と聞き手で共同で作り上げていくものだからです。そこによさがあって，また次の子に語っていこう，また違うお話を語っていこうというエネルギーになります。そして，こうやって語られた本は，子どもたちに人気が出て，いつも貸し出し中という状態になります。

③ ブックトーク

　これは，何冊かの本を共通のテーマに沿って紹介する方法です。子どもたちに読んでみたいという気持ちを持ってもらえるように工夫します。本はできるだけ，学校にあるものを使います。わざわざ公共図書館に借りに行く子はわずかです。

　ブックトークの方法に決まりはなく，45分かけてたくさんの本を紹介する人もあれば，4，5冊を丁寧に紹介する人もいます。広義には，1冊でも本を紹介すればブックトークといいますが，一般的には1つのテーマで数冊をつないで紹介します。

　私は，時間は20分以内で，5冊ぐらいを紹介します。授業の残りの時間は，その紹介した本を読んでもらえるように，同じ本を何冊も用意しておきます。朝の自習でするときに

は，読む時間は取れませんし，15分くらいですから，黒板に掲示するものなども用意してわかりやすくします。紹介する本は9類（物語）だけではなく，写真集やまんが，伝記，歴史なども入れておきます。読みやすい本，少しむずかしい本も入れます。

書名はさっといわれただけではわかりませんから，紹介した本はプリントして1人1人に渡せるようにします。

下の指導案は，担任の先生とT・Tで行った読書指導の例です。ブックトーク，読み聞かせを授業の中で実施してください。

小学校3年生　学校図書館活用指導案　国語　物語を読み味わおう
～「ぼくは王さま」シリーズをテーマに～

T1：各学級担任の先生
T2：学校司書または司書教諭

1．**本時のめあて**：「ぼくは王さま」の楽しさを知り，進んで読む。
2．**準備**：「ぼくは王さま」のシリーズ全員分＋何冊か
3．**展開例**

時配	児童の活動	教師の支援
20	1．本時のめあてを知る。	1．本時のめあてを確認する。(T1) （学校司書または司書教諭自己紹介）
	2．本時のテーマの本について知る。 　読んだことのある児童は発表する。	2．「ぼくは王さま」の紹介をする。(T2) 「ぼくは王さま」の本を読んだ児童がいたら発表させる。 　・卵が好き 　・遊びやいたずらが好き 　・勉強がきらい　　などを話す。
	3．ブックトークまたは，読み聞かせを聞く。	3．「ぼくは王さま」シリーズから「おしゃべりなたまごやき」のブックトークをする。または，読み聞かせをする。(T2)
	4．担任の先生の話を聞いて関心を持つ。	4．「ぼくは王さま」の作品のブックトークまたは読んだ感想などを話す。(T1)
20	5．本の分類（場所）について確認する。	5．学校図書館のどこに「ぼくは王さま」の本があるか児童に聞く。 　・物語だから9類にある。寺村輝夫だから「て」と書いてある。(T1またはT2)
	6．静かに「ぼくは王さま」の本を読む。	6．各自で「ぼくは王さま」の本を読ませる。(T1) 　・読み終わった場合は交換してもう1作品読むようにさせる。
5	7．書名を記録する。時間があれば，おもしろかったところを書く。	7．読んだ書名をノートに記録させる。(T1) 　・状況によっては記録はとらせない。
	8．なるべく1冊借りるようにする。	8．好きな本の貸し出しをする。(T1・T2) 　・「ぼくは王さま」以外でもよい。

5章

読書の時間の実践例1年間

　公立の小・中学校の時間割には「読書」という時間はありません。国語の1時間を学校図書館での時間にあてて読書として実施している学校が多くありますが，学年が上になるほど教科の内容も増え，行事などもあって定期的に週1時間，読書としてとることはできません。そこで，国語や他の教科の内容に関連させて教科の1時間としてとる必要があります。担任の先生と学校司書とよく相談して有意義な1時間となるように計画してください。「好きな本を自由に読みましょう」という休み時間的なことはせず，めあてを持たせ，学校司書がいる学校は担任とT・Tで支援してください。

①　小学校1年生の実践

◆4月17日
オリエンテーション（学校図書館のやくそく）→読み聞かせ『ぐりとぐら』（福音館），『はたらきもののじょせつしゃけいてぃー』（福音館）

　『ぐりとぐら』は，ほとんど全員が知っています。入学したてで初めての学校図書館なので，ほっとしてもらえるように。『はたらきもののじょせつしゃけいてぃー』もこの年代の男の子に人気があります。雪が出てくるので，冬の読み聞かせにもいいかもしれません。この本は迷路のようなおもしろさがあって，この後も誰かがいつも手に取っていました。

　他のクラスでは，『しょうぼうじどうしゃじぷた』（福音館）を読みました。男の子は，「けいてぃー」や「じぷた」に自分を重ねて聞いています。役に立つ人間になりたいという願いを，小さいころから持っているようです。

◆4月24日
手遊び「ひとつとひとつ」→ストーリーテリング『ありこのおつかい』（福音館）と絵本の紹介

> 〈ひとつとひとつ〉
> ひとつとひとつはどんな音？　＊　＊　＊　こんな音
> ふたつとふたつはどんな音？　＊　＊　＊　こんな音
> みっつとみっつはどんな音？　＊　＊　＊　こんな音
> よっつとよっつはどんな音？　＊　＊　＊　こんな音
> いつつといつつはどんな音？　＊　＊　＊　こんな音
> ＊のところで1つは指1本ずつ，2つは指2本ずつ合わせていくと5つで手拍子になる。
> 逆にすると音がだんだん小さくなっていく。話しかける感じで。

　1年生は手遊びが大好きです。何げない歌のリズムに合わせて手を動かす姿は，とてもかわいらしいです。この手遊びで，気持ちが1つになってわくわくします。静かに聞く準備にも使えます。ストーリーテリングは読み聞かせとは違う感動を与えます。語り手と聞き手の心もつないでくれます。語ったお話の絵本は，長く手にとられます。

◆5月22日
紙しばい『おともだちがほしい』（教育画劇）

　紙しばいは，なかなか集中してお話を聞けないクラスでもできます。紙しばいを導入に使って，関連する本を紹介することもあります。

　同作品の絵本と紙しばいがあったら，紙しばいを読み終わってから絵本を紹介すると，とても喜びます。『ロボットカミイ』（童心社）の紙しばいを聞いてから本を最後まで読んだ1年生もいました。むずかしかったのですが，「これ，全部読んだら，カミイ喜ぶかなあ？」といいながらがんばっていました。

◆5月29日
本を1冊借りる練習

　この時期には，1年生はひらがなの五十音が書けます。個人の貸し出しカードは市販のものでは小さくて書けませんので，2～3倍に拡大して画用紙にはりつけたカードを用意してください。それでも書けない子もいますから手伝ってください。

　借りる本を選ぶというのも慣れないと大変な作業です。カードに書いてから「やっぱり別のにしていい？」という子もいますし，どうしても決められない子もいます。読書の時間の回数を重ねるに従って本を選ぶのも早くなっていきます。自分の好きな本がわかってくるからです。

◆6月5日
課題図書の紹介（中から1冊読み聞かせ）→紙しばい『いたずらぎつね』（童心社）

　課題図書は本への関心を高めるために一度は紹介しておきます。低学年向きの絵本を読み聞かせしました。課題図書は，学校全体で1冊ずつぐらいでかまいません。貸し出さないで学校図書館で読むようにします。余裕があれば貸し出し用にもう1冊ずつ用意してください。このときは，課題図書があまり受けなかったので，紙しばいも加えました。

◆6月12日
教室で読み聞かせ『すべるぞすべるぞどこまでも』（ほるぷ出版）→『あおくんときいろちゃん』（至光社）→どちらかの絵をクレヨンでかく

　『あおくんときいろちゃん』はこの時期にしかできない楽しいことがあります。読み聞かせのあとで，絵の具の青と黄色を混ぜて黒板にはった画用紙に塗ってみせます。まだ絵の具を使い慣れていませんから，色が変わると驚いたり喜んだりします。次に，自分でお話の絵をかきますが，クレヨンでも混ぜると色が変わるので楽しんでいました。

　話の中で，あおくんときいろちゃんはうちに帰ってもお父さんお母さんに「うちの子ではない」といわれる場面があります。そのときに，1年生は本当に悲しそうな顔をします。その分，ハッピーエンドを十分に味わえます。

◆6月19日
手遊び「トマトはトントントン」→ストーリーテリング「ぼだいじゅの足のくま」『世界のむかしばなし』より（講談社）→読み聞かせ『ラチとらいおん』（福音館）

```
　　　　　　　　　　　〈トマトはトントントン〉

　　　　　　　トマトはトントントン　　（両手をグーにして重ねてたたく）
　　　　　　　きゅうりはキュキュキュ　（雑巾をしぼるように）
　　　　　　　キャベツはキャキャキャ　（手をパーにして）
　　　　　　　白菜くさいくさいくさい　（鼻をつまむ）
　　　　　　　ピーマンぴんぴんぴん　　（角を立てるように）
　　　　　　　カボチャはチャチャチャ　（指を鳴らす）
　　　　　　　にんじん　にんにんにん　（忍者の印のように）
　　　　　　　大根　　ゴンゴンゴン　　（頭をグーで軽くたたく）
```

　「ぼだいじゅの足のくま」はロシアの短いお話ですが，熊におじいさん，おばあさんが食べられてしまうちょっと怖いお話です。それで，次には強くなった男の子の話『ラチとら

5章　読書の時間の実践例1年間

いおん』を入れました。1, 2年生は「静かに」というよりも, みんなで同じ動作をさせて気持ちを合わせていくほうが, 楽しい雰囲気で集中してくれます。

◆6月26日
読み聞かせ『まっくろネリノ』(偕成社)→ストーリーテリング『エパミナンダス』(東京子ども図書館)→後半は1人1人で読む時間に。希望者だけ『あな』(福音館)

　前半は読み聞かせなどみんなで, 後半は1人で読むようにしましたが, まだ1人では読めない子もいますので, 後半にも読み聞かせを何人かにします。

◆7月3日
本の返却, そのあと, 各自で読書。希望者に読み聞かせ『とりかえっこ』(ポプラ社), 『すてきな三人組』(偕成社), 『ちのはなし』(福音館), 『あくまとパンのかけら』(福音館)

　本の整理がまだできていない学校だったので, 夏休み前に一度, 借りている全部の本を返してもらうようにしました。1人で読める子がだんだんふえてきました。

◆7月10日
紙しばい『たからのげた』(NHKサービスセンター)

　兼任のもう1校の用事があったので, 開始が遅くなってしまいました。多少ざわざわしていても紙しばいなら集中して聞いてくれます。紙しばいは, 公共図書館で借りました。いつも新しい紙しばいを用意しておき, ちょっとした時間に使いました。

◆10月9日
『エルマーのぼうけん』(福音館)

　そろそろ, 文字中心の本が読めるようになってきます。この時間はちょっと演出にこりました。リュックサックの中にエルマーが冒険した島の地図, 本, 厚紙で作った道具を入れておきます。この本は幼稚園などで触れてきている子が多いので, クイズのようにできるのです。

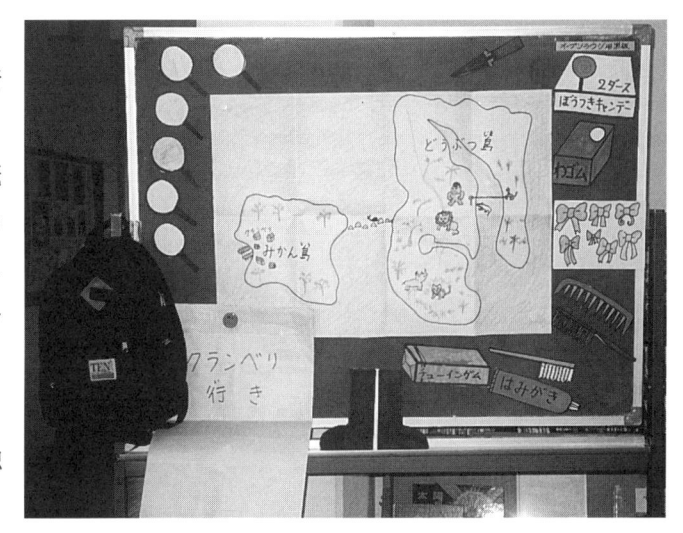

島の地図

　まず, 「この地図なあんだ?」と聞きます。

島の絵の中に本に出てくる動物が描いてあります。次に本の最初だけ読んでエルマーがこの島に行ったわけをいいます。今度はリュックサックの中から道具を出しながら，どの動物に使ったか当てさせます。磁石のついた移動黒板の中央に地図をはって，その周りに道具をはっていきます。

　壁には竜の絵をはり，エルマーと竜のぬり絵も希望者にプレゼント。ちょっとしたエルマーブームを作りました。『エルマーとりゅう』『エルマーと16ぴきのりゅう』も紹介しておくと続けて読みます。本は小型のものも含めて3冊ずつあらかじめ注文しておきました。

エルマーのぼうけん掲示コーナー

◆10月16日

（教室でお話会）手あそび「ひとつとひとつ」→ストーリーテリング『プンクマインチャ』（福音館）→本の紹介『世界の子どもたち10・ネパール』（偕成社）→絵本でクイズ『やさいのおなか』（福音館）

　読書の秋にちなんで，各クラス1時間のお話会をしました。ボランティアの人にお話会をしてもらえる学校では必要ありませんが，この学校はそういうものがなかったので，学校司書がじっくり1時間楽しむ会を計画しました。クラスによっては読み聞かせも入れました。

　『プンクマインチャ』はネパールの民話ですから，今のネパールや自然についても紹介します。長時間なので，途中にクイズ，手遊びなどを入れました。

◆11月13日

読み聞かせ『おさるのまいにち』（講談社）→文字の大きい本の紹介

　本は開けてみないと字の大きさがわかりません。字の小さい本やふりがながついていても漢字の多い本はやはり，まだ抵抗があるので，学校図書館のどの本が字が大きくて読みやすいかを紹介しました。書架の低いところに読みやすい本を集めておきました。

◆11月20日

読み聞かせ『ジャイアント・ジャム・サンド』（アリス館），『おおきな木』（篠崎書林）

　「大きい」というテーマで2冊読み聞かせをしました。このテーマの本はたくさんあります。学校図書館の絵本，本をよく読んでおいて，同じテーマのものを集めておくと，ブッ

クトークなどにも使えますし，子どもたちも楽しみつつ，「あの仲間の本」というちょっと特別な印象を持ってくれます。

◆12月4日
読み聞かせ『よかったねネッドくん』（偕成社）→公共図書館の本紹介
　公共図書館でブックフェアをしていたので，そこで推薦している本を借りてきて紹介しました。公共図書館がわりあい近くにある学校でした。この本はその中の1冊。

◆12月18日
教科書の読書単元で取りあげている本の紹介→その中から1冊読み聞かせ『番ねずみのヤカちゃん』（福音館）
　教育出版の教科書では上・下それぞれで本の紹介をしている単元があります。紹介されている本は年度始めに注文しておき，その学習の時期に取りあげるようにしました。ガラスケースの中に専用のコーナーを作っておき，必ずそこに返すようにしていました。先生方から好評でした。

◆2月12日
読み聞かせ『ふたりはともだち』（文化出版局），『ゼラルダと人喰い鬼』（評論社）
　『ふたりはともだち』の中にある「おてがみ」という物語が国語の教科書に出ています。作者ローベルの他の本も紹介しておきました。

◆2月19日
読み聞かせ『ぽとんぽとんはなんのおと』（福音館），『ふゆめがつしようだん』（福音館）→たんぽぽの手ぶくろ人形
　もうすぐ春という季節感のある本を選びました。このあと，校庭の木を一生懸命見ている子もいました。本は自然に目を向けるきっかけにもなります。

◆3月5日
お話会（読み聞かせ）『おおはくちょうのそら』（ベネッセ）→ストーリーテリング「かしこいモリー」『エパミナンダス』より（東京子ども図書館），お人形を使った話「大口かえる」（海外の話・原典不明）
　たんぽぽ○×クイズ……1番，白いたんぽぽはあるでしょうか？　2番，たんぽぽの根はどっち？　（2枚の絵を見せて）3番，たんぽぽの種はアリのえさになるでしょうか？……などと，3冊の本から問題を選んで，正解は本を開いて見せました。学年最後の読み

聞かせ，ストーリーテリング，とてもよく聞いてくれました。

② 小学校2年生の実践

◆4月16日
ストーリーテリング『プンクマインチャ』(福音館)→たんぽぽ手袋人形→読み聞かせ『よかったねネッドくん』(偕成社)→学校図書館のやくそく確認
　初めてなので，「どうぞよろしく」という気持ちで，よく聞いてもらえるものを。

◆4月19日
自由に読書
　1人で読めない子に読み聞かせ『ティッチ』(福音館)

◆4月26日
読み聞かせ『しょうぼうじどうしゃじぷた』(福音館)，『あおくんときいろちゃん』(至光社)，お人形を使った話「大口かえる」

◆5月17日
ストーリーテリング『ありこのおつかい』(福音館)，鳥の本紹介→パネルシアター『まっくろネリノ』(偕成社)
　『ありこのおつかい』にはムクドリが出てきます。愛鳥週間でもあるので，鳥のお話でまとめてみました。

◆6月3日
読み聞かせ『ざりがに』(福音館)，『はははのはなし』(福音館)
　虫歯予防デーにちなんで。この後，保健室前に長机を出して，歯に関する本を展示しました。

◆6月7日
読み聞かせ『ゴムあたまポンたろう』(童心社)→課題図書，小学生新聞，雑誌『大きなポケット』(福音館)，『おひさま』(小学館)の紹介

◆6月14日
読み聞かせ『ボールのまじゅつしウィリー』(評論社)

5章　読書の時間の実践例1年間

◆6月21日
読み聞かせ『すいかのたね』（福音館）

◆6月28日
読み聞かせ『せんたくかあちゃん』（福音館），ばばばあちゃんシリーズ（福音館）
　さとうわきこの絵本を20冊ほど公共図書館から集めて，読む時間を後半に取りました。読み聞かせやブックトークをした本は，その後すぐにみんなが手に取って見られるように，あらかじめ公共図書館で何冊も借りておきます。

◆7月9日
パネルシアター「ねずみとかぜ」『とうさんおはなししてよ』より（文化出版局）→読み聞かせ『サーカスのらいおん』（ポプラ社）

◆7月15日
夏休みの本2冊貸し出し

◆9月20日
返却ボックスの説明→読み聞かせ『おさるはおさる』（講談社）
　学校図書館が教室からとても離れていたために，本がなかなか戻ってこないという悩みがありました。教頭先生が夏休み中にりっぱな返却ボックスを作ってくださって，昇降口に置きました。予約が入っている本は，朝のうちに返しておくようにいいました。

◆10月4日
読み聞かせ『スーホの白い馬』（福音館）

◆11月1日
本の紹介『ぽっぺん先生のどうぶつ日記』シリーズ（筑摩書房）
　シリーズの中の2冊め『ギンギラかいじゅう』を詳しく紹介しました。

◆11月8日
新刊紹介『おひさま』（小学館），『大きなポケット』（福音館）→その中から読み聞かせ

◆12月2日
生きものブックトーク『おおきくなあれひよこのチェスター』（こぐま社），『モズのなかま

たち』(あすなろ書房),『やませみのこそだて』(偕成社),『であうふれあうみぢかな動物たち』(筑摩書房),『動物のおやこ』(小学館),『こいぬがうまれるよ』(福音館)

　研究授業に向けて，国語の読書単元「読書のひろば」の本を中心にしました。

◆1月18日
新刊紹介『かいけつゾロリのテレビゲームききいっぱつ』(ポプラ社),『モンスター・ホテルでおめでとう』(小峰書店)

◆1月25日
新刊，寄贈本から紹介『しまのないトラ』(偕成社),『すえっこメリーメリー』(大日本図書),『ミリー・モリー・マンデーのおはなし』(福音館)

　このクラスは1年の前半は読み聞かせを多くして，後半は読める子がどんどんふえてきたので本の紹介を中心にしました。休み時間もよく来ていたので，個々に本をすすめることができました。子どもがあまり学校図書館ばかりに来るので，午前中の長い休み時間か，昼休みのどちらかは校庭で遊ぶように，担任の先生と相談して約束にしたほどでした。

　教頭先生が大工仕事の上手な方で，学校図書館が1階だったため，「緑陰読書」と銘打って屋根のある読書コーナーを外に作ってくださいました。ここを一番利用したクラスでした。勤務のローテーションが中学と兼任で週2日だったため，授業の1時間を使ったお話会をする余裕がなかったのが残念でした。

③　小学校3年生の実践

◆4月21日
オリエンテーション（学校図書館の約束，本の借り方確認）

◆4月28日
ストーリーテリング『やまなしもぎ』(福音館)→その後，各自で読む時間

◆5月18日
伝記の本クイズ

　伝記の本をテーブルの上に全部並べて，だれがどんな偉業をしたのか本を見て書いていきます。伝記は中学年で一度は触れてほしい本です。

◆5月27日

5章 読書の時間の実践例1年間

『ルピナスさん』(ほるぷ出版)

　紙しばいの後,絵本も紹介。3年生には少しむずかしい内容でも紙しばいだと聞けます。この後,自宅で咲いているルピナスの花の写真を持って来てくれた子がいました。

◆6月9日
『王さまびっくり』(全国学校図書館協議会)集団読書テキストを全員に配って,1人1人文章を目で追わせながら読み聞かせ

　「王さま」シリーズをこのとき紹介しました。その後長く王さまシリーズは人気のある本になりました。シリーズの中の本は次々読みたくなります。そういう効果をねらった読書の時間でした。1人ではなかなか読みきれない子もいるので,みんなが一緒に楽しめるようにテキストを使いました。

◆6月16日
読み聞かせ『あおくんときいろちゃん』(至光社),『スイミー』(好学社)→レオ・レオニの他の本も紹介

◆6月23日
国語の教科書で取りあげている科学読み物の本を紹介→この後,各自読んだ本の紹介文を書く

◆9月8日
読み聞かせ『太陽へとぶ矢』(ほるぷ出版),『とりかえっこ』(ポプラ社)

　3年生は成長の1つの節目を迎える時期です。絵本の世界を幼児の目で楽しめる最後の時期です。もちろん何歳になっても絵本は楽しめますが,幼い日とはまた違う感動になります。絵本を読んでこなかった子を意識して読み聞かせをしました。個人面談のときに教室で先生と話しているお母さんを待っている間,弟に『とりかえっこ』を読んであげていたこのクラスの男の子の様子が今も心に残っています。

◆10月19日
(お話会)手遊び「ひとつとひとつ」→ストーリーテリング「熊の皮を着た男」『子どもに語るグリムの昔話』より(こぐま社)→絵本でクイズ『やさいのおなか』(福音館)→手あそび「トマトはトントントン」→読み聞かせ『赤い目のドラゴン』(岩波書店)→ストーリーテリング「ちいちゃいちいちゃい」『イギリスとアイルランドの昔話』より(福音館)

　学校司書が全学年に関われるよさは,このお話は何年生にいいのか,何年生まで聞け

のか，その上限，下限がわかることです。「熊の皮を着た男」はこの年齢には無理でした。よくわかってくれた子と飽きてしまった子がいました。4年生では全員集中して聞き入ります。

語り手には勉強になりましたが，このクラスには悪いことをしてしまいました。

◆11月19日
クイズで本の紹介『エルマーのぼうけん』(福音館)→読み聞かせ『おさるはおさる』(講談社)

1年生の2回に相当する分を1回に入れてしました。このクラスは1学期には図鑑や手芸，料理の本を読むというより「ながめている」子が多かったのですが，だんだん読めるようになってきました。

◆12月1日
読み聞かせ『よかったねネッドくん』(偕成社)，『おおきな木』(篠崎書林)

◆12月8日
読み聞かせ『じごくのそうべえ』(童心社)

この本はおそらく小学校3年生が一番よく笑うと思います。

◆12月15日
ブックトーク(テーマは不思議な話)『魔女たちのあさ』(アリス館)，『月へいったまじゅつし』(評論社)，『だれもしらない大ニュース』(ほるぷ出版)，『天才エリちゃん金魚を食べた』(岩崎書店)，『はれときどきぶた』(岩崎書店)，『クリスマスの女の子』(ベネッセ)

冬休みも近いので，長い本も読めるようにすすめてみました。

◆2月2日
読み聞かせ『島ひきおに』(偕成社)，『ゼラルダと人喰い鬼』(評論社)

◆2月9日
3年生向きの集団読書用テキストを何種類か出して，各自好きなものを1冊読む→テキスト以外の好きな本を読む

◆2月15日
読み聞かせ『まんじゅうこわい』(クレヨンハウス)→本の紹介『せかいのひとびと』(評

論社),『せかいのあいさつ』(福音館)

　最後に届いた新着本の中から紹介しました。ここでも失敗。『まんじゅうこわい』は子どもには落語の「オチ」がわからなくて,受けたのは先生だけでした。途中は楽しんでくれたのですが……。3年生には落語がむずかしいとわかりました。

④　小学校4年生の実践

◆4月21日
オリエンテーション(本の借り方,自己紹介)

◆4月28日
ストーリーテリング『やまなしもぎ』(福音館)→一部の子に読み聞かせ『ズッコケ三人組』(ポプラ社),他の子は各自で読書

　4年生ぐらいになると,どんどん読める子となかなか文字を追うことができない子と,はっきり分かれてきてしまいます。『ズッコケ三人組』のようにおもしろく読めるものを紹介して文字を読む習慣をつけてほしいと思い,中学年以上には必ずすすめています。

◆5月19日
ストーリーテリング「熊の皮を着た男」『子どもに語るグリムの昔話』より(こぐま社)→グリムの本紹介→一部の子に読み聞かせ

◆6月2日
読み聞かせ『太郎コオロギ』(全国学校図書館協議会)→集団読書テキストを配って,1人1人で読み通す時間を取る→読み終わったら自由読書

◆6月9日
伝記クイズ

　3年生と同じ方法で。伝記の本をテーブルの上に全部並べて,誰がどんな偉業をしたのか本を見て書いていきます。伝記は中学年以上では一度は触れてほしい本です。

◆6月16日
『王さまびっくり』の集団読書テキストを各自で読む

　3年生と違って,すぐに寺村輝男の王さまシリーズに結びつきませんでしたが,2学期になって読み出す子が出てきました。そのときにすぐに読まなくても書名や作者名に触れ

ておいて，またいつか読むきっかけにもなる例になりました。

◆6月23日・30日
各自で科学の読み物を読む
　教科書に出ている本を中心に科学の読み物を読む時間になりました。担任の先生が進める授業に協力しました。

◆10月9日
(教室でお話会)ストーリーテリング「鳴いてはねるひばり」『子どもに語るグリムの昔話』より(こぐま社)→読み聞かせ『赤い目のドラゴン』(岩波書店)

◆10月27日
ブックトーク(テーマ「手紙」を紹介した本)『もりにてがみをかいたらね』(偕成社)，『ふたりはともだち』(文化出版局)，『かぎばあさんのひみつの手紙』(岩崎書店)，『ヘンショーさんへの手紙』(あかね書房)，『足ながおじさん』(集英社)，『手がみで友だち 北と南』(福音館)

◆11月10日
読み聞かせ『注文の多い料理店』(偕成社)

◆11月17日
読み聞かせ『太陽へとぶ矢』(ほるぷ出版)→教科書で取りあげている本の紹介

◆11月24日
読み聞かせ『さっちゃんのまほうの手』(偕成社)→障害を持って前向きに生きている人の本を紹介『レーナ・マリア物語』(金の星社)，『車いすからこんにちは』(あかね書房)，『オラ，サヴァ，チェリオの地球冒険の旅』(自由国民社)

◆12月1日
読み聞かせ『よかったねネッドくん』(偕成社)→『おおきな木』(篠崎書林)公共図書館の本の紹介

◆12月8日
アニマシオンのゲーム『だいくとおにろく』(福音館)

読書のアニマシオンというのは、登場人物やあらすじなどの本の内容を題材にしたゲーム感覚で楽しむ活動です。ここでは、『読書で遊ぼうアニマシオン』（柏書房）で紹介されている「ダウトをさがせ」を参考に、1回目は普通に読み、2回目はところどころ間違えて読んで、それを当てさせるというゲームをしました。子どもたちはお話を集中して聞きましたし、楽しく盛り上がりました。

◆2月2日
読み聞かせ『ゼラルダと人喰い鬼』（評論社）→鬼の本、鬼が出てくることわざと、その他のことわざの本を紹介

◆3月2日
（お話会）ストーリーテリング「王子とうえたとら」『少年少女世界の民話伝説　インド・アフリカのむかし話集』より（偕成社）→読み聞かせ『ふゆめがっしょうだん』（福音館）→たんぽぽ○×クイズ→ストーリーテリング『かしこいモリー』（東京子ども図書館）

　このクラスは、担任の先生が「本を読まない子が多い」と嘆いていました。確かに、4年生にしては借りていく冊数が少なかったですが、その前年と比べてみると、とてもよく読めるようになっていました。その前年は、何人もの子が個人カードをなくしてしまって、つまり本を借りる気持ちがなかったのです。1年間に10冊以上本を借りた子はたった1人でした。

　それが、この学年で大きく変わり、1年間に10冊以上借りた子は11人、3冊以下の子は4人。平均すると1人9冊くらいは借りています。これは、大きな進歩です。

⑤　小学校5年生の実践

◆4月27日
オリエンテーション（学校図書館のやくそく）→「これはジャックのたてた家」『マザーグースのうた　第1集』（草思社）、「わらぶき屋根の家」『おはなしおばさんの小道具』より（一声社）

　教育出版の国語の教科書に「積み上げ話」が出ているので紹介しました。「わらぶき屋根の家」はおもしろくてみんな大笑いします。みんなで声をそろえていう楽しさも味わえます。

　積み上げ話というのは、「これはわらぶきやねの家」「これはわらぶきやねの家に住んでいるごんべえさん」「これはわらぶきやねの家に住んでいるごんべえさんの馬」というように話をつなげたものです。

◆5月25日
ストーリーテリング『やまなしもぎ』(福音館)→各自で集団読書用テキストを読む『かっぱのめだま』(全国図書館協議会)

　集団読書用テキストは，たまに使ってみるといいかもしれません。本を1冊最後まで読んだこともなく中学生になる子もいます。これは薄い本ですが，1冊読み終えた実感も味わってもらいたいと思います。

◆6月1日
課題図書の紹介

◆6月8日
『王さまびっくり』(全国学校図書館協議会，集団読書テキストを全員に配付)→寺村輝男の本を紹介

◆6月22日
『からだっていいな』(童心社)→からだに関する本の紹介

◆6月29日
『砂漠となぞの壁画』(国土社)など発掘に関する本の紹介

◆7月6日
読み聞かせ「よだかの星」(全国学校図書館協議会)→感想文の書き方紹介

◆11月2日
(教室でお話会)詩の朗読「ひみつ」「わからんちゃん」『しゃべる詩あそぶ詩きこえる詩』より(冨山房)→ストーリーテリング「鳴いてはねるひばり」『子どもに語るグリムの昔話』(こぐま社)→絵本のクイズ『やさいのおなか』(福音館)→読み聞かせ『赤い目のドラゴン』(岩波書店)→ストーリーテリング『エパミナンダス』(東京子ども図書館)

◆11月9日～12月7日
1人の作家を追って国語の単元に基づいた読書

　読む作家を決めて，その本をできれば3冊以上，少なくとも2冊は読むという課題に取り組みました。どの作家にするか決められない子にはアドバイスしました。教科書は学習資料の1つです。これをきっかけに本が読めるようにするのも方法です。高学年では，作

家を意識した読書がいい経験になります。最後にワークシートにまとめました。

◆12月14日
ブックトーク（テーマ：魔法使い）『魔女たちのあさ』（アリス館），『月へいったまじゅつし』（評論社），『がいこつはまほうつかい』（国土社），『ライオンと魔女』（岩波書店），『魔法のカクテル』（岩波書店），『魔女ジェニファとわたし』（岩波書店），『風にのってきたメアリーポピンズ』（岩波書店），『魔女がいっぱい』（評論社）

◆3月8日
（お話会）ストーリーテリング「熊の皮を着た男」『子どもに語るグリムの昔話』より（こぐま社），人形を使ったお話「大口かえる」，ストーリーテリング「王子とうえたとら」『少年少女世界の民話伝説 インド・アフリカのむかし話集』より（偕成社），「ちいちゃいちいちゃい」『イギリスとアイルランドの昔話』より（福音館）

　高学年でこれだけの読書の時間を取るのは大変だったと思います。それでも，取ってもらえたので，子どもたちがずいぶん本を読むようになりました。ただ学校図書館に行くだけでは遊びになってしまう子もいますが，ブックトークや課題があると力がつきます。

⑥　小学校6年生の実践

◆4月17日
オリエンテーション（学校図書館の約束，借りる練習）

◆5月22日
ストーリーテリング『やまなしもぎ』（福音館）→各自で集団読書テキストを使って『かっぱのめだま』（全国図書館協議会）を読む

◆5月29日
紙しばい『蜘蛛の糸』→芥川竜之介の本紹介

◆6月12日
小学生新聞でファイル資料作り
　6年生で希望のあったクラスでは，資料作りをしました。新聞を活用していくための学習です。新聞は本のように規則的に並んでいません。読んでどこまでがその記事の内容なのかを確認してから切り取って，台紙にはります。その際，記事の年月日，何に出ていた

のかをはっきり書いておきます。今回は、作ったファイルを学校図書館の資料として保存しませんから、個人のコメントも書きました。

　このクラスは小学生新聞を1部ずつ配って、気になる話題を切り抜きました。他のクラスではテーマを決めておいて、それを新聞からさがすという方法を採ったこともありました。「環境問題」というようなテーマだと、一般の新聞では広告も含めてたくさんあります。ふりがながある小学生新聞がおすすめです。

◆6月19日
ストーリーテリング「ぼだいじゅの足のくま」『世界のむかしばなし』より（講談社）→紙しばい『のばら』

◆11月13日
（お話会）ストーリーテリング「鳴いてはねるひばり」『子どもに語るグリムの昔話』より（こぐま社）→読み聞かせ『赤い目のドラゴン』（岩波書店）→ストーリーテリング『エパミナンダス』（東京子ども図書館）

◆12月4日
ブックトーク（テーマ：男の子・女の子）『自分を好きになる本』（径書房）、『ハンサムガール』（理論社）、『おれがあいつであいつがおれで』（旺文社）、『精霊の守人』（偕成社）、『他人どんぶり』（講談社）、『六年四組ズッコケ一家』（理論社）、『あなたがまもるあなたの心　あなたのからだ』（童話館）

　ある研修での実践報告を参考に学校図書館にある本を加えました。自分で本をさがしてブックトークを組み立てるのも大切ですが、よかった例はどんどん参考にさせてもらいます。この後、厚い本を読む子が少し増えてきました。

◆3月5日
（教室で読書会）ストーリーテリング「王子とうえたとら」『少年少女世界の民話伝説　インド・アフリカのむかし話集』より（偕成社）→一部読み聞かせと紹介『杉原千畝物語』（金の星社）→読み聞かせ『かさをささないシランさん』（理論社）→3つのお話に共通することは？　等の短い話し合い→たんぽぽ手袋人形

　中学校入学に向け、はなむけの気持ちをこめて。ただ楽しむ読書もいいですが、重いテーマのものもよく聞いてくれる時期です。たんぽぽ手袋人形で明るくしめくくりました。

⑦　中学校の実践

　中学校に入ると，部活動，塾，友達づきあいと，小学校以上に忙しくなります。しかし，時間がない中にあっても読書をしている生徒はたくさんいます。ひところの中学生よりも読書には前向きになっています。小学校の読書指導ができてきたこと，学校司書を配置したことの効果ではないかと思います。読書をする生徒は，本を身近に置くことが習慣化して，交通機関を利用しているときなどちょっとした隙間時間に読んでいます。常にバッグの中に文庫本を入れているような中学生が理想ではないでしょうか。中学校は，小学校のように定期的に学校図書館に全員を連れていく学習はなかなかできませんので，学校にいる時間の中，教科の中で工夫して取り組んでいく必要があります。

　平成19年6月に学校教育法が改正され，第21条の中に「読書に親しませ，生活に必要な国語を正しく理解し，使用する基礎的な能力を養うこと」が新設されました。読書に親しませるために，具体的にはどんなことができるでしょうか。ここに記載した内容を参考に，できることから実践してみてください。

◇朝読書

　朝読書とは，始業前に全員が読書をする方法です。毎朝実施している学校もあれば，ドリル学習とローテーションで実施している学校もあります。朝読書は，先生もいっしょに読むことが成功の秘訣です。先生の打ち合わせ中に設けると，読まない生徒が出てしまいがちです。本は準備できているか，時間になったら着席しているかなど，見てください。

　朝読書用に，教室に本を用意しておくことも必要です。漫画，雑誌，カタログのような視覚に訴えるものではなく，文章が中心の本を読ませますが，文学でなくともかまわないと思います。ノンフィクション，科学読み物などもどんどん読ませましょう。学校でリストを作って，その本を多めに購入して読むようにさせている学校もあります。その場合は，本の内容の紹介をしたほうがよく読まれます。ただ本があるだけでは手に取りません。

◇学校図書館オリエンテーションの中で

　学校図書館オリエンテーションとは，学校図書館の使い方，日本十進分類法の説明などを年度始めに実施することです。中学校1年生では必ず実施しますが，どの学年も一度はしていくとよいです。その中で，先生と司書教諭，または学校司書が本の紹介をしてください。また，学校図書館には「おすすめコーナー」を作っておいてください。このコーナーは，図書委員に頼んでおすすめの一言を添えてもらいます。

　ある中学校では「これは，自分が高校生のときに読んで泣いた本」と，『塩狩峠』を紹介した男の先生がいらっしゃいました。生徒に人気のある先生のようで，その一言で借りて

中学校　オリエンテーション指導案

T1：担任または教科担当教諭
T2：司書教諭または学校司書

〔1〕　設定理由

　学校図書館は，各教科で授業に使うことができる。この指導は，国語科のみではなくすべての教科で学校図書館を活用するため，文学以外の本にも目を向けるように考案した。このような時間をとることで，昼休み等に学校図書館を利用していない生徒が学校司書と親しくなれる。学校図書館活用指導だけではなく，生徒指導上の効果も期待できる。

〔2〕　めあて

- 学校図書館の分類に関心を持ち，読みたい本を見つける。
- 学校図書館利用の約束を覚える。

〔3〕　準備

- 十進分類表を掲示しておく。
- 事前に本を見て，分類番号を「本との出会いカード」（次頁参照）に書いておく。
- 新刊を中心におすすめの本コーナーを作っておく。
- 教諭，学校司書が1冊ずつ紹介する本を決めておく。

〔4〕　本時

時配	活動内容	支援・留意点	資料
15	1．本時のめあてを確認する。 2．学校図書館の約束を覚える。 3．表を見ながら日本十進分類法の意味を考える。実際に見渡して確認する。	1．本時のめあてを言う。(T1) 2．学校図書館の約束，本の借り方を確認する。(T2) 3．日本十進分類法について説明をする。(T2)	日本十進分類表
20	4．本をさがして記入する。 5．本の種類について知る。 6．本の紹介を聴く。	4．カードを配り，奥付を開いて，記入方法を説明する。(T2) 5．どんな本を見つけたか聞く。(T2) 6．おすすめの本を紹介する(T1・T2)	分類番号を書いたカード (次頁参照)
15	7．好きな本を選んで，借りる手続きをする。時間内は読書をする。	7．好きな本を選んで読み，手続きをして借りることを伝える。(T1) ＊選べない生徒は，おすすめコーナーの本を読むようにさせる。	

5章　読書の時間の実践例1年間

いきました。数学の先生は，数学のおもしろさについて書いてある本を紹介しました。

```
本との出会いカード
  書いてある分類番号の本をさがしましょう。
 (　)年(　)組　氏名(　　　　　　)
 分類番号〔　４８６　〕
 本の題名　　　　　　出版社
 書いた人　　　　　　発行年

 本の内容


 印象に残った点
```

このカードは，オリエンテーションの中で使います。学校図書館に実際にある本を見て左のように全部違う3ケタの分類番号を記入しておきます。番号を手掛かりに本を見つけに行きます。

奥付の見方、発行年の確認などレポートを書くためのポイントも押さえておきましょう。

◇国語の授業の中で

・司書教諭，学校司書のブックトーク

司書教諭または，学校司書がブックトークをして，本への関心を高めます。その際，ブックトークに使った本は，公共図書館や近隣の学校から借りるなどして，人数分以上あるようにしてください。事前に担当教諭と相談をしてねらいが学年に合っているか確認してください。小学生向けのような内容ですと，退屈して聞いてくれません。

```
        ブックトーク
     テーマ「挑戦　CHALLENGE」
 1．熊の皮を着た男　　　　グリムの昔話1より
 2．グレートジャーニー　　関野吉晴
 3．ザ・マンザイ　　　　　あさのあつこ
 4．バッテリー　　　　　　あさのあつこ
 5．NO.6　　　　　　　　　あさのあつこ
 6．ビート・キッズ　　　　風野　潮
 7．赤毛のアン　　　　　　モンゴメリ
 8．秘密の道をぬけて　　　ロニー・ショッター
 9．小犬のピピン　　　　　ローズマリー・サトクリフ
 10．黄金の騎士フィン・マックール　サトクリフ
```

ブックトークの例
「熊の皮を着た男」はストーリーテリング。
この用紙は最後に配ります。

また，お説教のような言い方は避けて，具体的な内容を一部話し，結末は言いません。文学以外も入れてください。

・生徒どうしのブックトーク

国語の授業での，生徒どうしのブックトークをおすすめします。

まず，先生が1つのテーマで2，3冊の本を紹介してください。ブックトークの原稿が書いてある本が出ていますので参考にどうぞ。それから，1つのテーマで3冊の本を5分ぐらいで紹介するという課題を伝えます。長期休み前がいいです。むずかしかったら1，2冊でもいいでしょう。

テーマに沿って紹介する原稿を書かせ，それを1人1人指導し，トーク（話す）ですから，原則として原稿は見ないことにします。発表は1人ずつ全員の前というよりも1学級を3組に分けて，1人のブックトークを12〜13人が聞くという形のほうが話し手にも聞き手にもいいようです。司会・進行役も作り，聞き手が感想を書くワークシートも準備して

ください。

　この方法は，本を**読む**，原稿を**書く**，**話す**，**聞く**，という国語の目標がすべて含まれます。また，生徒どうしのコミュニケーションが深まり，紹介された本に関心を持つという効果もあって，おすすめです。生徒から「また，やりたい」という声が出るそうです。

・新着図書展示＆味見読書

　学校図書館では，注文した本が一度に届きます。その本は棚にすぐに入れてしまわずに，しばらくテーブルに展示すると，手に取って読んでもらえます。さらに，読む時間を国語の中でとると，全員が読めます。テーブルにはクロスをかけて，並べ方は図書委員に考えてもらい，表示も工夫します（99頁参照）。先生方のお薦め本コーナー，スポーツコーナー，話題の本コーナー，数学・理科コーナー，歴史コーナーなど。「ハッピーになれるコーナー」と命名した図書委員もいました。

　手に取って読みかけた本は予約をします。予約した本をどのように回すかは，各学校で工夫してください。コンピュータで管理できるとよいのですが，できない場合は，予約中とわかる印を一時つけて，戻ってきたら次の人に回すように専用の棚に置いて，本が届いたことを知らせるなど，考えてください。

・教科書の本の紹介欄を活用

　国語の教科書にある読書案内の本は学校で必ず購入してください。その本を集めてリストにして，課題にします。生徒の中には，どんな本を読んだらいいのかわからない，という声があります。リストの中から1冊は読む，5冊は読むなど目標を決めてはどうでしょうか？　できれば複数冊で購入するとたくさんの生徒が読めます。先生または司書教諭，学校司書が先に読んでブックトークをすると，読む意欲がわきます。

・スクラップ新聞づくり

　読むものは本だけではありません。このごろは新聞をとらない家庭もあるので，読み方を学校で教えてください。社説，投稿欄，スポーツ欄，家庭欄，地域の話題など順に見せて，見出しの利用方法を話してから，気になる話題の記事を切り取って画用紙にはらせます。日付，出典を明記し，コメントを書くようにさせます。1つのテーマで2，3の記事を切り取ってもいいでしょう。家庭でも続けるように課題を出すとよく取り組みます。新聞をとっていない家庭のために，学校の新聞などを渡してください。

◇定期テストに関連させて

　定期テストで読んだ本の紹介文を書かせます。この出題は予告しておきます。よい紹介文はコピーして掲示するという学校がありました。1冊も本を読まない不読者の問題は深刻です。これをきっかけに少しでも読む態度ができたら何よりです。決められた字数の中でまとめて書く力も養われますし，掲示すればそのまま読書案内にもなります。

6章

学校図書館を作る協力者

　このごろ，臨時の学校司書を学校図書館に配置している市町村が多くなりました。以前から正規の学校司書を置いている学校も一部ありましたが，学校図書館に一番必要なのは，常時学校図書館にいられる正規の学校司書です。配置してほしいという声をあげつつも，実現するまでの間それを補う方法を採らなければいけません。目の前の子どもはどんどん大きくなってしまいますから。それには，今，学校図書館を担当している司書教諭が中心となって図書委員会やボランティアと協力していくしかありません。

1　図書委員会を生かす

　小，中学校には，委員会活動があって，その中に図書委員会があります。各クラスから2，3名が出てきて構成されています。この図書委員会がどのくらい活躍するかで，ずいぶん学校図書館が変わります。

　子どもは働くのが好きです。誰かのために役に立てることが嬉しいのです。ただ，なかなか機会に恵まれず，家庭でも学校でもやってもらう側になってしまいがちです。小学校高学年や中学生になると，前向きな意見もいいますし，絵や字も上手になりアイディアもいいものが出せます。いい図書活動をしようという意気込みを持ってくれます。

　今も心に残る名図書委員が何人かいます。図書主任に初めてなったときの思い出です。5年生から図書委員になった彼は，初めは何となく入ってみたのでしょう。やる気がなくて，活動中に机の下にもぐって遊んでいました。これは，困ったことです。委員会がどれだけ大切なものかをお説教しました。翌年6年生になって，また図書委員になって来ていました。目が合うとやる気のある笑顔が返ってきて，図書委員長に立候補してくれました。

それから，学校図書館の「主」のような存在になったのです。返却の遅れている人のチェックをしたり，本を並べたり，当番の日以外にも来てくれました。

　「先生，大変です。『火の鳥』(角川書店)が足りません」ある日，そういってきてくれました。貸し出し手続きをしていないのに，本がないというのです。さっそく校内に呼びかけたところ，2，3冊は戻ってきましたが，まだ全巻は揃いませんでした。そして何日かした放課後ビニール袋をさげて来てくれました。「友だちがどんぐり山にあるっていうから見に行ったら，やっぱりありました」学校の帰り道の林の中で見つけてくれたのです。本は泥にまみれて汚くなっていました。何という責任感！　さっそく生徒指導の先生にもお話しして，その本を各クラスに回して，一言，注意してもらいました。

　これをきっかけに，本を大切にして手続きをきちんとしようという雰囲気ができてきました。彼は，今ごろどうしているのでしょうか。「君なら」と信頼される社会人になっていることでしょう。

　図書委員の子にはたくさん作業をしてもらいます。いやな顔をせず，一生懸命にやってくれた女の子もいました。お母さんがＰＴＡ役員でよく学校に来ていたので，会うごとにお礼をいっていました。そうしたくなるほど，いつも最後まで黙々とやってくれました。静かな子でしたが，まじめで根気のあるいい子でした。学校では前に出る子が活躍しがちですが，こういう陰になって働いてくれる子も応援したいものです。

　中学の図書委員長は選挙で選ばれるので，さらに責任感を持ってくれます。鍵のかかっている中学では，昼休みに必ず早めに開けて当番が来るまでカウンターに立ってくれていました。図書委員会だよりも上手に書いてくれます。

　図書委員長や副委員長が名前だけではなく，やる気のある子だと本当に助かります。毎日学校図書館にいられるわけではない勤務の体制だと，こういう子が1人いてくれるかどうかで図書活動に差ができます。積極的な子だと，下級生を集めて紙芝居をやってくれたりもします。昼休みなどにあまり拘束してもかわいそうですから，当番以外にはさせませんが，学校図書館をよくしようという気持ちのある子は自発的に仕事を見つけてくれます。学校は子どもが自分の力を見いだし伸ばし，自信をつけていく場です。委員会活動はそのためにも活発にしていかなければいけません。子どもを絶えず励まし，責任を持たせて成長させていってください。

　また，図書委員にも本を読ませるようにしなければいけません。図書委員は，全校の子どもの代表だと考えてください。この子たち自身が利用する学校図書館をまず作りましょう。実際，活気のある学校図書館では「図書委員になって本をたくさん読むようになった」という声があがってきます。

2 図書委員会の活動計画

　学校の行事の年間計画に委員会の活動日がありますから，その日には何をするか予定を立ててみます。他の行事との兼ね合いを考えて計画します。第1回の図書委員会では今までの図書委員の活動などを見ていますから，意見を出してもらいます。学校図書館がおもしろいところになるイベントを考えていけるように雰囲気を盛り上げます。

　メンバーによっては，あまり意見が出ないかもしれません。そんなときには，具体的に提案をしてみます。なるべく，子どもから出た意見で進めていけるようにしていきます。子どもから出た意見でも，その時はやろうと思ってもうまくいかないこともありますので，1度決めたことは成功するように援助します。

　以下に年間活動計画の例をあげます。

4月	自己紹介，役員・当番の日を決める，活動したいことの話し合い クラスごと，または曜日ごとのグループで写真を撮る（この写真は委員の紹介ということで，学校図書館内に掲示。その掲示物を書く子を決めておく） 担当のクラスを決める
5月	当番活動の反省と問題点の話し合い 6月の読書週間の準備（今回は昼休みに紙しばいと，給食時間に放送で本を読む） 担当のクラスで返却が遅れている人の催促状を書いて渡す
6月	当番活動の反省と問題点の話し合い 6月の読書週間の準備（紙しばいや，本を読む子以外の仕事を決める） ポスター係・ドア係・客席係・放送で来てもらうように流す係を決める 紙しばいをする子と放送で本を読む子は練習し，他の子は聞いてあげる 担当のクラスで返却が遅れている人に催促状を書いて渡す
7月	読書週間のイベントの反省 1学期の反省 蔵書点検をして，昨年，一昨年買った本で紛失している本を書き抜く 紛失した本は，画用紙などに書いて廊下に掲示して返却を呼び掛ける
9月	当番活動の確認 秋の読書週間にどんなことをするか話し合う（今回は，学校図書館での図書クイズと昼休みに体育館での実物投影機を使った朗読会。担当を決める） 希望者は新刊の中から1冊借りて読んで，紹介ポスターを描く
10月	当番活動の反省と問題点の話し合い

	秋の読書週間の準備と図書クイズ作りのグループに分かれて活動 手があいた人は，しおり作り 担当のクラスで返却が遅れている人に催促状を書いて渡す
11月	読書週間の反省 当番活動の反省と問題点の話し合い 本の紹介のポスター作り 担当のクラスで返却が遅れている人に催促状を書いて渡す
12月	2学期の反省 蔵書点検をして新刊や昨年，一昨年の本で紛失しているものを書き抜く 希望者は読書紹介文を書いて，図書館だよりに掲載
1月	3学期にしたいことの話し合い（節分にちなんで『泣いた赤鬼』を昼休みに読み聞かせをする。1人1役その役割分担。宣伝係・ドア係・客席係・本を持つ人・読む人など）
2月	昼休みのお話会の反省，当番活動の反省と問題点の話し合い 学校図書館の棚や本の掃除。本をおろしてきれいにする
3月	1年間の反省 未返却の本を完全に返してもらえるようにする クラスごとの貸し出し冊数と，一番たくさん読んだ人を調べる 一番たくさん借りたクラス，各クラスで一番たくさん借りた人を学校図書館の黒板や掲示コーナーなどにさりげなく掲示

　反省というのが，目につくと思いますが，これは次へのステップになるので大切です。曜日の当番のグループで話し合って，ひとこというだけです。そこで当番に来ない子がいたら，来るようにいいます。借りる人が少なかったら，どうしたらいいか考えます。あるいは，未返却が多かったら対策を考えます。そこでとてもいい意見が出なかったとしても，かまわないのです。みんなで考えて少しでも実行することに意義があるからです。

　図書のイベントはみんなでやり遂げたという気持ちになれる企画をします。そして，それもやりっぱなしにしないで後でよかったところや次回に向けてを考えます。こういう積み重ねが楽しさになっていきます。見ていた下級生や同級生がまた次の年にがんばってくれます。「図書委員って楽しそうだ。なってみたいな」と思われたらしめたもの。学校図書館に活気が出てきます。図書委員が頻繁に出入りする学校図書館にしたいものです。

　学校図書館は自分たちが守っていくという自覚を持たせるためにも，返却の催促や蔵書点検もいっしょにやってもらいます。催促は図書主任，司書教諭，学校司書がするよりも，図書委員会の活動にしたほうがいいようです。先生がいうよりも，上級生や友人がいうほうが本を持ってこようという気持ちにもなります。

3　図書委員会の日常活動

①　カウンターでの仕事

　本の返却手続き，本の貸し出しをします。そんなにむずかしいことではありませんが，初めはとまどうこともあるので司書教諭や，学校司書がついて教えます。やり方をわかりやすく表に書いておきます。カウンターの仕事がない学校は，図書館活動に問題があると考えてください。少しでも活発になると，カウンター前に列ができます。

　貸し出し・返却手続きの手が空いたら，カードをチェックして返却の遅れている人への催促状を書かせます。あるいは，当番で分担して催促状を書く係を作ります。催促状は本人に渡してもいいですし，配る時間がなかったら各担任の先生にお願いします。その際注意してもらいたいのは，誰がどんな本を借りたのか，なるべくわからないように配慮することです。小学校高学年，中学生になると周囲の目が気になりますから，どんな本を読んだかみんなにわかってしまうのをいやがる子もいます。図書委員にもこの点は注意しておきます。他の人がどんな本を読んでいるかカードを見るのもいけないといっておきます。本の最後にはってある貸し出し期間表には名前を書かないで，返す日にちだけわかるようにします。返却日を回転印で押すというのが図書委員には評判がよかったです。子どもはスタンプが大好きですし，カウンターで仕事をしたという気持ちになれるからです。コンピュータ管理になればプライバシーは守られやすくなりますが。

②　書架整理・展示

　まず，図書委員に本の分類方法を理解してもらいます。図書委員会のときによく説明して，実際に棚に入れてもらいます。代本板は使わないようにして，校内のどの子にも本の場所を覚えてもらうのが理想ですが，低学年などはすぐにはできないので，「返す場所がわからない本」のコーナーに置いてもらい，図書委員が並べます。

　書架を図書委員1人1人に分担して，そこの本は責任を持ってきれいにしておくというのも1つの方法です。図書委員会のときには，全員で並べます。人気のある本のコーナーは，とくに気をつけて左から本の番号順に並べてください。台帳やカードと照らし合わせて，手続きをしないで持ち出されている本がないかチェックします。これを図書委員といっしょにしてください。学校図書館の本が紛失してしまうのは，ある程度はしかたのないところがありますが，全く管理されていないと驚くほどの冊数がなくなっていきます。人気のある本がない学校図書館はそれだけ魅力がなくなってしまいます。

　学校図書館はただ本が並んでいるだけではつまりません。ぜひ，特設コーナーを作って

ください。「夏休みおすすめの本」でも「図書委員ぜったいおすすめの本」でも。展示コーナーにおすすめの本を選んで並べるのも図書委員の仕事にしてください。

　展示用イーゼルを使って本の表紙がよく見えるように置いたり，立てかけたり，机の上に平らに置いたりして置き方も工夫します。その方法も図書委員に考えてもらってください。自分たちの工夫で本が借りられたという実感を持ってもらうためにも。

　ある小学校の図書委員で，ゲームのような紹介方法をしました。図書委員が1人4冊ずつおすすめの本を選び，それを特設コーナーに表紙を見せて並べました。一番早く4冊とも他の子に借りられた人の勝ちというものです。そのときにおもしろいことがわかりました。自分が読んでよかった本を並べておいたほうが借りられるのです。読んでいない本で「これでいいだろう」と並べてもなかなか借りられないのです。

　1人1冊おすすめの本を決めてコーナーに置き，その本の紹介を絵と文章で画用紙に書いて廊下に掲示するという方法を採ったこともありました。廊下を歩くときに目に入っているので，学校図書館で見つけると興味を持って手に取っていました。

4　図書委員会による企画・宣伝

①　図書紹介のポスター作り

　学校の廊下にはるポスターは「〇〇の本があるから借りに行こう」「おもしろそうな本があるから行ってみよう」という本の内容を紹介してください。また，「図書室クイズ実施中」「楽しい読み聞かせ」など今の活動を紹介する内容も目を引き付けます。

　例えば東京ディズニーランドの宣伝を思い浮かべてください。たくさんのキャラクターが踊っている写真あり，新しい乗り物の紹介あり，季節のイベントの紹介あり，それを見て全国から人が集まってきます。もしも，文字だけで「東京ディズニーランドへ行こう」だったら，魅力は伝わりません。

　学校図書館も楽しい企画を図書委員と立てて，それを図書委員に宣伝してもらって人を集めます。「行ってみよう」という気持ちを持ってもらえる学校図書館にしていかなければいけないのです。それは，大人が作っていくのではなく，図書委員が中心となる活動にしていってください。どんな活動も学校図書館の本と子どもを結ぶためであることが基本になります。その活動で1人が1冊の本に出会えたら何よりです。

　新しい本や，おすすめの本を大きく絵に描いて，文章を添えて紹介します。図書のポスターは「ゴミはゴミ箱へ」や「水を大切に」というものとは違います。ゴミを捨てない，水を出しっぱなしにしないというのは，心がけたらできます。でも読書は「読もう」と思ってもすぐにはできません。「この本を読んでみたい」と思ったときに初めてできることで

す。また，そのときすぐに読まなかったとしても記憶しておいて，どこかで見かけたときに「ああ，この本。そういえばあの時の」と手に取るものです。いってみれば出会いの機会を提供するのです。

本には，作者の思いが詰まっています。そこに共感するということは，その作者に共感するのですから，作品と共に人に出会っているのです。そういう大切なことを標語で済ませるわけにはいきません。1冊の本に思いをこめてポスターを作製してもらいます。

そのためにも図書委員が，実際に読んでいいと思ったものを書いてもらわなければいけません。でも，図書委員が必ずしもたくさん本を読んでいるとは限りませんから，その場合は低学年に向けてのポスターなどというふうに，こちらでいい絵本をすすめて，それを読んでから書いてもらうようにします。

書くときには，読む人が見やすいように，文字は読みやすく，絵も大きくしてもらいましょう。読みづらいものや誤字を掲示するとよくありませんので。また，絵を描かなくても，ブックカバーがはずせるもの（カバーを取っても表紙の絵が同じもの）はそれを画用紙にはって文章をそえます。

図書委員会が発信地となって，本と出会えるチャンスをたくさんの子に提供していくようにさせてください。

② 図書クイズ・図書紹介

図書委員が，学校図書館の本でクイズを作ります。それを紙に書いて掲示したり，壁新聞にしたりします。できれば低学年向きと高学年向きの2種類作ってもらいます。有名な物語の主人公や必ず出る脇役を尋ねたり，百科事典などで調べてわかる問題にしたり，いろいろな工夫ができます。

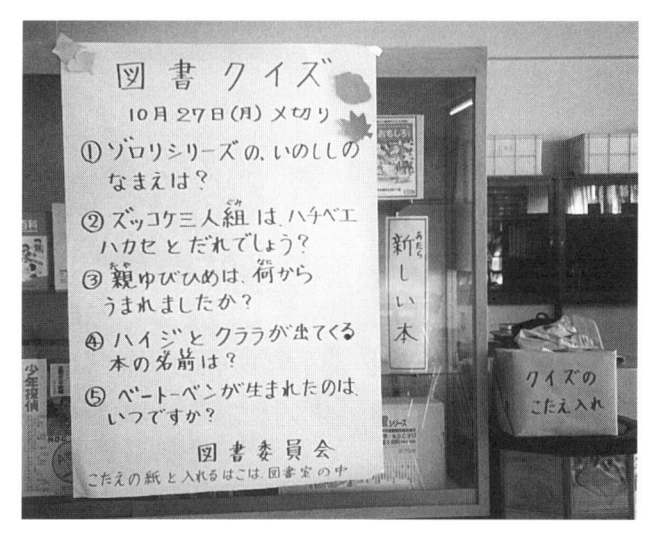

答える期間は3日から1週間

小学校の図書クイズ

が適当です。答えを入れる箱を用意しておき，図書委員が採点して全問正解者にはしおりをプレゼントします。または，名前を書いて掲示しました。クイズで採りあげた本は印象に残り，しばらく借りたい子が続きます。

図書委員会で考えてから画用紙に何枚か書いて，校内の廊下に掲示しました。中学校でも図書委員長を中心に楽しく取り組むことができました。

図書委員には，本をたくさん読んでもらって全校に向けて紹介をしてもらいましょう。上の写真は，柏市立第三小学校の図書紹介コーナーです。学校図書館の廊下に作りました。長机の上に本を置いて，その下におすすめの言葉を書いてあります。借りるときには，学校図書館内で手続きをします。本が貸し出し中でも，あった場所がわかるようになっています。アイディアは司書教諭，設置は学校図書館指導員向坂さんです。紹介文は図書委員が書いて，協力してできたコーナーです。（「図書委員のおすすめ」の表示は拙著『子どもと一緒に進める学校図書館の展示・掲示12カ月』70頁にあります。ご活用ください。）

　下の写真は，柏市立柏中学校の学校図書館です。秋のブックフェア，図書紹介を図書委員会の生徒が作りました。学校図書

廊下に作ったおすすめコーナー（柏市立柏第三小学校）

秋の読書フェア（柏市立柏中学校）

館指導員の吉田さんが，市内中学校で行われた展示会が出ているホームページ「学校図書館オンライン」を図書委員長に見せたのがきっかけとなったそうです。吉田さんも司書教諭も指示したわけではなく，図書委員長を中心として自主的に実施したとのことで，この他にも新刊案内の掲示などもありました。中学生は力がありますから，任せると次々にアイディアに富んだ活動をしてくれます。図書委員長のやる気を引き出すことが大切です。

③　校内放送で本を読んで紹介

　これは，子どもからの提案で実施したことでした。借りたい子が多くなるので，以前の課題図書などで，冊数のある本がおすすめ。昼の校内放送で『ちいちゃんのかげおくり』（あかね書房）を途中まで読んでから「続きは，学校図書館の本で読んでください」とし

めくくりました。5年生の女の子がとても上手に心をこめて読んだので，低学年の子などはしいんとして聞き入っていたそうです。昼休みは「『ちいちゃんのかげおくり』ありますか？」の声がいっぱいでした。そして，そういう耳に残っている本には，特別の親しみがわきますから，それからしばらくたってもその本を見つけると「あ，ここに『ちいちゃんのかげおくり』があったんだねえ」と手に取る姿が見られました。

④ 新着図書展示会

第1回発注の図書が届いたら，ぜひ実施してみてください。

図書委員と協力して学校図書館の机の向きを変え，椅子を外して店のようにします。そこにテーマ別に表紙を上にして本を置きます。期間は3日ぐらいで，その間は手に取って読んでもらいます。貸し出しはしませんが予約はできるようにします。

椅子は周りに置いておきます。閲覧コーナーにしてもいいです。

図書委員は新着図書展示会のお知らせを各クラスでします。放送もします。図書委員にはこの間なるべく本を見にきて，友人も連れてくるようにいっておきます。常時学校司書のいない学校でしたら，期間中は図書委員が交代で学校図書館にいるようにしてもいいかもしれません。このとき本にはカバーをつけてください。カバーを外すとイメージがまったく変わってしまいつまらない本に見えてしまいます。帯もつけておいてください。書店と同じ感覚で本を選べるからです。貸し出しのときには帯ははずします。

中学1年生の女の子に「先生，うれしいでしょ。こんなに人がきて」といわれたのが印象に残っています。

新着図書展示会（柏市立南部中学校）

⑤ 企画展

学校図書館に図書委員が企画したテーマの本を集めて展示します。月ごとのテーマの展示と違うのは，本以外の資料も展示してテーマを追求する点です。パンフレットや絵の説明書をいっしょに提示します。それを，ポスターで知らせたり，クラスで紹介したりして，ＰＲに努めます。宮沢賢治など人を取りあげてもいいですし，クリスマス，オリンピック，スポーツ，音楽などテーマはたくさんあります。子どもに考えてもらって本を集めたり掲示したりしてください。

5　図書委員会主催の集会活動

①　昼休みのお話会

図書委員会のときに役割と，読む本を決めます。絵の大きい絵本が喜ばれます。中には自分で紙しばいを作りたがる子もいます。子どもの中には，すばらしいやる気を持っている子がいるのです。何人かで分担して描いたこともありました。

任せっぱなしにしないで，その１回が成功するように援助します。役割を忘れた子には注意します。こういうところで責任感が養われるからです。

役割は以下のようにしました。

① 読む人：２人。
② 絵を見せる人：１人（絵本のときは２冊同じ本を用意して，見せる本と読む本を分けると読みやすく聞きやすい）。
③ 放送で昼休みのお話会の連絡をする人：１人。
④ ドア係：１人（読んでいる途中で入って来る子に静かに入るよう声をかける。廊下がうるさいときには，注意を呼びかける。ドアが２箇所あったら２人にする）。
⑤ 客席係：２人（静かに座ってもらうように呼びかける。低学年の子のお世話をする。終わったら拍手をして盛り上げる）。
⑥ ポスター係：何人でも（日時と場所，読む本の題名を入れる）。

全員が何かに参加できるように決めます。場所を学校図書館にする場合は，その時間内は貸し出しをしないようにします。できれば，他の部屋で行うほうがいいでしょう。

②　読書週間にペープサート，大型絵本，実物投影機，パネルシアターを使って

読書集会などがあったら，そこで，図書委員に出し物をさせてください。読書集会ではなくとも，読書週間中の昼休みに時間を取ってもらったり，全校集会の中で時間をもらっ

たりしてもいいでしょう。

　小さい学校では図書委員の人数も少ないので5，6年生に手伝ってもらいます。準備や練習の時間は，どうしても休み時間や放課後になりますから，あまり無理をしないでできる範囲を考えていきます。発表するときには，宣伝をたくさんして盛り上げてください。放送で呼びかけたり，ポスターをはったり，各クラスで委員会からお知らせをいってもらいます。職員の打ち合わせでも先生方にお願いしておきます。

パネルシアター『三枚のおふだ』の例

　これはパネルシアターの本をそのまま使いました。そのままでは小さいので，絵を拡大コピーしてパネル用の不織布に写して書きます。その絵を図書委員で分担して描きました。色は昼休み，放課後に絵の具を使ってつけました。図書委員以外の子にも手伝ってもらってしました。

　次に役を決めました。ナレーター，声を出す子，絵をはったり動かしたりする子，歌の伴奏を弾く子，客席係，希望するものをやってもらいました。見る人を考えて，どうやって絵を置いたらいいか，セリフの読み方などを考えてもらってしました。何度か練習して，昼休みにお話の部屋で2日上演して，好評でした。

　このときに5年生の図書委員が大きく成長してくれました。練習に来ない男の子がいて担任の先生に相談しました。もしやりたくなかったら，他の人にしてもらうということを考えてもらったのです。担任の先生の指導後やる気を出し，本当にりっぱな態度で発表し，見にきた先生方からもほめてもらえました。

　この後，この男の子は図書委員として自覚をもってがんばってくれるようになりました。使用した本は，『ザ　パネルシアター』（フレーベル館）です。

6　ボランティアの協力

①　すでにあるグループや人材の協力

　今は地域の人材活用ということで，何か子どもたちに教えるものを持っている人に学校に来てもらうことがよくあります。

　その1つに「お話会」があります。地域で文庫活動をしているグループに来てもらい，お話会をしてもらいます。お話に使った本を学校図書館でも用意すると身近に感じられて，本を読むきっかけになります。

　市によっては大きなグループ活動になって，学校に親しまれています。1つの学校に長く関わっている文庫活動のグループもあります。こういう活動をしているところをさがして，学校に来てもらい，図書活動の一環として位置づける方法があります。

その場合，今，学校に子どもが通っている保護者ではなかったら，わずかでも謝礼をするのが礼儀です。
　ボランティアで入る人には，子どもたちの発達段階を考えたプログラムを用意してもらいます。聞き手である子どものことをよく考えて，無理のない内容にします。
　ボランティアではありませんでしたが，ある劇団が小学校で演じた劇は，とてもわかりづらくて，子どもたちは飽きて騒いで大変だったことがあります。子どもたちはとても正直に反応します。私語をしたり，体をゆすったり，友だちをつっついたりし始めたら，それは語り手，読み手，演じ手の失敗です。終わったときに満足そうな顔をして「おもしろかったあ」という声があったら成功です。
　お話会の最後には使った本の紹介をして，子どもが読む時間を取ってもらいます。そのとき公共図書館で同じ本を何冊か借りておくと何人も読めます。使った本の書名，作者，出版社を一覧に書いたものを印刷して１人１人に渡すと，あとでまたその本を読むきっかけになります。本はできるだけ学校の学校図書館にあるものを使い，それ以外の本を使った場合はリストを渡しておきます。

②　保護者から募るボランティア

　年度はじめに学校から呼びかけて，そのメンバーで１年間活動してもらう方法と，１回か２回，お手伝いとして来てもらう方法とあります。学校からの呼びかけで結成された保護者グループが，その後，継続して手伝っていく例もあります。学校図書館の惨状を見かねて，保護者から自発的にボランティアが出てくる学校もあります。
　どの方法を採ったとしても，中心になっていくのは学校側です。学校側に核となって動く先生がいないと，ボランティアは十分に活動できません。その核になる先生は司書教諭，図書主任になります。また，教頭，校長先生の理解がないと活動しにくくなります。
　保護者ボランティアは環境を整えるまでが限界です。常に学校図書館にいられる学校司書の代行にはならないことを強調しておきます。ですから，ボランティアで行く方も，本の整理なら長く継続する方法を採ってください。ある学校では，本の登録番号と台帳を独自のやり方にしたボランティアグループがあり，次に入った学校司書の迷惑になりました。元々きちんと管理されていなかった図書の登録カードでしたが，さらに使いものにならなくなってしまいました。ある中学校では，たった１人で年に何回も足を運んで本を十進分類法に並べなおしてくださった方がありました。その学校図書館はとても使いやすくなっていました。日本十進分類法はどこの図書館でも採用されていますから，こういう一般的な方法を採ってください。小学校で教科別，テーマ別になっている学校では，あえて直す必要はないかもしれません。担当の先生とよく話し合ってください。
　少しでもよい学校図書館を作ろうとするのなら，ボランティアの方にも勉強をしてもら

6章　学校図書館を作る協力者

うとさらによくなります。

　次にあげるのは，ある小学校の保護者ボランティア実践例です。筆者も学校図書館アドバイザーとして案を出してお手伝いをしました。この学校は，校長先生が朝の10分間読書を提案され，教頭先生も国語に詳しい方でした。しかし，学校司書がいなくて図書主任の先生だけだったので，気持ちはあっても学校図書館を十分使えるようにするのは困難でした。

　そこで，学校から保護者に学校図書館の環境を整えるためのボランティアをしてもらえないかと呼びかけました。新年度に向けての1，2月という，寒い時期にもかかわらず，4回の活動に30人以上の参加がありました。

　かねてから布やカーペット，いらない本の寄贈を全校生徒の家庭にお願いしてあったので，たくさん集まっていました。保護者が得意なほうに参加できるようにということで，「本の修理グループ」と「布手作りグループ」に分かれました。

　本の修理グループは1章にある本の修理方法で，あらかじめ図書主任の先生がぬいておいた本の作業をしました。本の背がきれいで読みやすいと，それだけで学校図書館が明るく，生き生きとしてきます。

　布手作りグループは，本がゆっくり読めるコーナーに，椅子のカバーや座布団やクッションを作りました。まだ布があったので，大きい図鑑や絵本を借りていくためのバッグも作りました。各自が座る椅子の座布団カバーもできそうなので，中に入れるスポンジ

保護者ボランティアによって整えられた読書コーナー（柏市立四和小学校）

PTAの予算で考えてもらえることになりました(クッションは,先生がいないとき子どもたちが投げて遊んでしまうこともありましたが)。

お母さんパワーはすばらしいです。ミシンがけも上手でおうちで作ってきてくれる人もいて,きれいなコーナーが短期間にできあがってしまいました。学校図書館に来た子どもたちが大喜びでした。「誰がやったの?」と不思議がる子もいました。環境を整えて,子どもが学校図書館に行きたくなるようにできました。この学校は,参加した保護者の方々の希望で,次の年度も継続してボランティア活動をすることになりました。

③ 保護者ボランティアの活動内容

保護者ボランティアは楽しく気持ちよくできることが大前提です。長くたずさわっている人が先輩風を吹かせたりすると,新しい人が入りにくくなってしまいます。年度ごとに新しく組織して,継続できる人の中で中心になる人を選出していくような方法が長続きする秘訣のようです。

ボランティア活動やその話し合いをする時間は子どもの授業中が多くなります。図書主任や司書教諭の先生は出られません。学校側からは教務主任や教頭先生が話し合いに参加すると,他の先生方とのコミュニケーションもうまくいきます。

① 本の整理と修理

1章を参考に整理と修理をしてください。わが子が家に持ち帰って寝る前にも布団の中で読みたくなる本を置くという気持ちで整理するといいかもしれません。汚い本は書架から外してください。学習の資料になるものは多少古くても使わなければいけませんので,修理をしてください。

修理する本がたくさんあるようでしたら,修理方法を書いたものを道具といっしょに置いておき,活動できる日に来た人が継続してできるようにしてください。

② 寄贈本の受け入れ

学校図書館に置く本はそのままでは本棚に並べられません。ラベルをつけ,蔵書印(学校名)を押し,貸し出しカードをはり,背か全体かにブックカバーをつけます。誰からいつ寄贈されたのか,書名,出版社などを台帳などに記録しておく必要もあります。

できれば,寄贈された本の中から何冊か紹介文を書いて掲示をすると目立ちます。きれいな本だったら,展示コーナーに表紙を見せて並べてください。

③ ぬくもりのある環境作り

1章に書きましたが,布や植物などを置くと学校図書館にぬくもりが出てきます。本棚の上やロッカーの上などに布を敷いたり,手作りのものを飾ったりしてください。マットやじゅうたんなど家庭で不要なものでも,学校図書館に使えるものがあったら持ってきてください。

鉛筆を立てておくケース1つでも，人の手が加えられた優しさが伝わってきます。絵本に出てくる主人公のぬいぐるみを作ったり，大きな絵を描くのが得意な人があったら，ワザを披露してください。

④ 見やすいサインや掲示物

図書主任だけの学校では，どうしても掲示物まで手が回りません。分類のサインや，特設コーナーの表示，新刊案内，図書の貸し出し返却方法など，書けるものがあったら書いて掲示してください。古くなった画用紙に書いた掲示物は，あるだけでみすぼらしくなって，学校図書館を暗くしてしまいます。学習に支障のない範囲で明るくなるものを掲示していってください。

⑤ 読み聞かせ

読み聞かせのボランティアは，保護者の活動の中で一番ポピュラーかもしれません。何人かで授業中に入る方法，朝の読書の時間に順に回っていく方法，昼休みに読み聞かせをする方法など，入る時間帯は様々です。学校側の都合のいい時間に入って，1人でも多くの子が1冊でも多くのいい本に出会えるようにしてください。

何人かで入る場合は，必ず，読んだ本はどうだったか，受け入れられ方はどうだったかなどを話し合ってください。次の参考に記録も残しておきます。本の知識が増えると楽しくなってきます。地域の文庫活動家や絵本専門店，公共図書館の児童書担当の方などとつながっておくと，いい本の情報も入ってきます。

その他，本について勉強するところはいろいろあります。読み聞かせの本は，定評のある絵本を中心にしてください。『図書館でそろえたいこどもの本・絵本』（日本図書館協会）『わたしたちの選んだ子どもの本』（東京子ども図書館）のリストなどが参考になります。読み聞かせの実践を書いた本もたくさん出ていますし，この本の5章も参考にしていただけると思います。アニメキャラクターの本は映像で見るほうが動きがあっていいですから，学校での読み聞かせには向きません。

⑥ 本の貸し出しの手伝い，本の手入れ

昼休みや放課後の本の貸し出しを手伝います。図書委員もいますが，なかなか全員がきちんと当番をするとは限りません。放課後は，学年やクラスによって終わる時間がまちまちですから，図書委員がカウンターにいるのは無理です。早く終わる低学年のために学校図書館にいて，貸し出しをしたりします。

多くの家庭の主婦は昼は働きに行っているか，幼児がいるかお年寄りがいるかで暇な時間があまりありませんので，できる人，できる日はそういった事情で限られてきます。

学校図書館の本は，場所によっては砂ボコリ等で汚れがひどいので，乾いたタオルで拭いてもらうとありがたいです。

7章
校内・家庭・地域とつながる学校図書館

　本来，学校図書館は学校の機能の中心になっていかなければいけません。しかし，現実の学校図書館は校舎の隅にあるところが多いのではないでしょうか。最上階の一番はじ，渡り廊下で行く別棟，北向きなど，あまり行きやすい場所にはありません。中に日当たりもよく教室や職員室に近い学校図書館もありますが，それはとても恵まれている学校です。

　行きにくい場所にあっても，校内のすべての人とつながる工夫でカバーしていきます。教師，児童・生徒はもちろんですが，事務員，栄養士，養護教諭，給食の調理員，用務員など1人でも多くの人に目を向けてもらうと学校図書館は生き生きとしてきます。

1　校内の人と連携する工夫

　例えば，用務員さんが大工仕事が得意な方だと，ちょっとした棚など学校図書館で必要なものを作ってもらえます。花作りが上手な方は学校図書館に花を持ってきてくださいます。きれいな紙を使ったフラワーアレンジメントを持ってきてくださる方もありました。

　給食，保健は子どもたちの基本的な生活習慣を作るために連携できるところです。給食だよりや保健だよりに関連する図書の紹介をのせてもらったり，保健室前には健康に関する展示コーナーを作ります。6月ならば虫歯予防デーにちなんだ本。また，月ごとの保健指導のテーマの本などです。給食室の前には給食だよりに出ている内容の本を紹介します。子どもは食べ物が出てくる本が好きですから，喜びます。

　すべての人にサービスしていく姿勢も大切です。図書館だよりは，事務員，栄養士，調理員，養護教諭，用務員，臨時講師など学校に関わるすべての方に配ってください。自分の子どもや孫にすすめる本を教えてほしいといわれリストを作って渡すこともしばしばあ

りました。その反応を聞くことで，こちらも本の知識がふくらんできます。学校図書館をたくさんの人と盛り上げていきましょう。そのうちに「これ，学校図書館で使えない？」と季節行事のものを寄附してもらえたり収納や飾りになるものをゆずってもらえるようになります。観葉植物や写真などももらいました。

職員作業をする学校では，学校図書館内のことを手伝ってもらえると，仕事がはかどるだけではなく，先生方に本や学習に使える資料を覚えてもらえるというメリットもあります。

2　図書館だよりで活動紹介

図書館だよりは，1カ月に1回は出しましょう。出す日にちはだいたい決めておくと書く側も読む側もペースができます。学校だよりや学年だよりなどは，月の行事予定が出るので毎月1日に出すところが多いのではないでしょうか？　少しずらして出すほうが読んでもらえるかもしれません。保護者に届ける情報で一番確実な方法です。

図書主任のみの学校でしたら，年度当初，夏休み前，秋の読書週間，冬休み前，2月に年度のまとめ，この5回は出してください。凝ったものでなくても，A4で1枚くらいの小さいものでもかまいません。図書委員会の児童・生徒の書いたものでもいいです。

内容は，月のお知らせ，図書委員の活動紹介，新刊本の中から紹介，よく借りられる本ベスト5，学校図書館からのお願い，図書クイズなどですぐに埋まります。

作るときになって記事を集めると大変ですから，専用の袋やファイルケースを用意して，「使えそう」と思うものを貯めておきます。カットもカット集からコピーしたもの以外にも，本の帯やチラシや雑誌などで見かけたかわいらしい絵をとっておきます。表紙をコピーして紹介すると色が濃い場合，黒くなってしまいます。そこで，モノクロの挿し絵をコピーしたら好評でした。挿し絵を使う場合は出版社に確認をとってください。

文字は手書きでもワープロでもかまいません。ぎっしり書くと読まれませんからカットを多く，余白もとったレイアウトを考えてください。小学校でしたら，本当は低学年向きと高学年向きの2種類出すといいですが，時間もかかりますから，低学年も読めるようにふりがなをふってください。図書館だよりは子どもたちが読むように考えて書きます。保護者の方に向けて書くコーナーは小さめの字で囲んで書きました。

新聞・雑誌の本の話題，紹介記事などをコピーして切り抜いてはるコーナーも作りました。ホットな話題ということで読んでもらえます。

①　作って配るまでの手順

1．記事を集めます。図書委員に書いてもらうならファックス用の原稿用紙に書いてもらったものをはりあわせます。

2．レイアウトを考えます。
3．文章とカットを入れてしあげます。
4．小学校ではふりがなをふります。
5．教務主任，教頭先生に見てもらいます。
6．印刷をします。教室や学校図書館，廊下に掲示する分も忘れずに。掲示用は拡大コピーします。
7．各クラスに配布します。

② 月ごとの記事内容例

4月	着任あいさつ，新図書委員の紹介，図書委員長のあいさつ，本の借り方・返し方説明，寄贈本のお願い，春の絵本，おすすめの本紹介
5月	5月の節句にちなんだ本，ナイチンゲール記念日，愛鳥週間にちなんだ本，昼休みお話会の紹介，図書クイズ
6月	虫歯予防デーにちなんで歯の出てくる本，梅雨や雨に関連した本，詩の紹介，梅雨の読書週間イベントお知らせ，図書クイズ，課題図書の紹介
7月	夏休みの開館日お知らせ，夏休みおすすめの本，新着図書の紹介，梅雨の読書週間イベントの様子お知らせ，読書感想文の書き方
9月	お月見にちなんだ本，運動会にちなんだ本，図書クイズ
10月	前期・後期委員会になっている学校は新図書委員の紹介・図書委員長あいさつ，秋の読書週間イベントのお知らせ
11月	秋の読書週間イベントの様子お知らせ，半年をふりかえって読んだ本の紹介（図書委員），秋の文化行事（音楽会・観劇など）にちなんだ本の紹介，図書クイズ，中学新図書委員長紹介とあいさつ
12月	冬休みに向けてクリスマスにちなんだ本，2学期までの貸し出し状況（どんな本が読まれたかなど），詩の本紹介
1月	干支にちなんだ本，図書クイズ，先生のおすすめの本，冬や雪に関する本の紹介
2月	節分や立春にちなんだ本の紹介，図書クイズ，最終返却日のお知らせ，未返却がないように家庭への呼びかけ
3月	卒業生に向けて（卒業生に学校図書館の思い出を書いてもらう），1年間のまとめ，貸し出し冊数（学年別，低・中・高学年別），各学年一番本を借りた人紹介

保護者のボランティアがあるところでは，その活動内容などをのせてはどうでしょうか。できることがあれば途中から参加する人もあるかもしれません。

図書館だよりの例①

図書館だより

平成　年10月24日
　　　　　　　　小学校

読書の秋

10月はたくさん本を読もうということで、図書委員会からしおりがプレゼントされましたね。図書委員会からみなさんに、新しい本のカバーで作ったしおりをプレゼントします。いつも、机の中やランドセル、ロッカーに読みかけの本、これから読む本があると、ちょっと時間があったときに読めていいでしょう。

この本読んでみませんか？

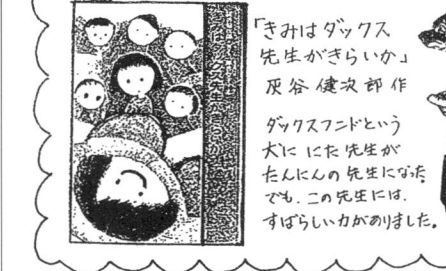

「きみはダックス先生がきらいか」
灰谷健次郎 作

「ガリバーフート」という大にいるジョージという赤ちゃんお母さんバスから大きくなる様子が、写真のせてあります。この本には、すばらしいカラーがあります。

◇「字が多い本はちょっといやだなあ」と思う人、詩の本はどうですか？小の図書館には、親しみやすい詩の本がたくさんあります。
◇図書委員をお手伝いしてくれる人と、図書館の本を目にしたいと思います。よく見てください。
◇今までにさがしたい本が見つからなかったときは、

図書クイズ

図書委員会で考えたクイズです。

① 「ゾロリ」シリーズに出てくるきつねのしのなまえはなんでしょう？
② 「ズッコケ」シリーズの三人組はハカセとハチベエとでひとり、だれでしょう？
③ おやゆびひめは、なにから生まれたでしょう？
④ ハイジとクララというなまえの女の子が出てくる物語の名前は？
⑤ ベートーベンはいつ生まれましたか？

☆ としょ委員会で、答えを書く紙と、答えを入れる箱を用意してあります。
図書室に、答えを用意してありますから、わからない人は調べてください。ヒントの本も用意してありますから、わからない方がわからない人は聞いてください。
⑤の問題は、伝記や事典で調べます。結局、渡辺先生に聞いてください。紙は、一人一枚ですが、まちがえて書いてしまった人は、もう一枚、書いて出してもいいです。全部、正解の人には、図書委員が作ったしおりをプレゼント。今回10月31日まで来ます。次回は、12月15日から来ます。

〆切り　10月28日（火）放課後まで。

図書室の先生は、

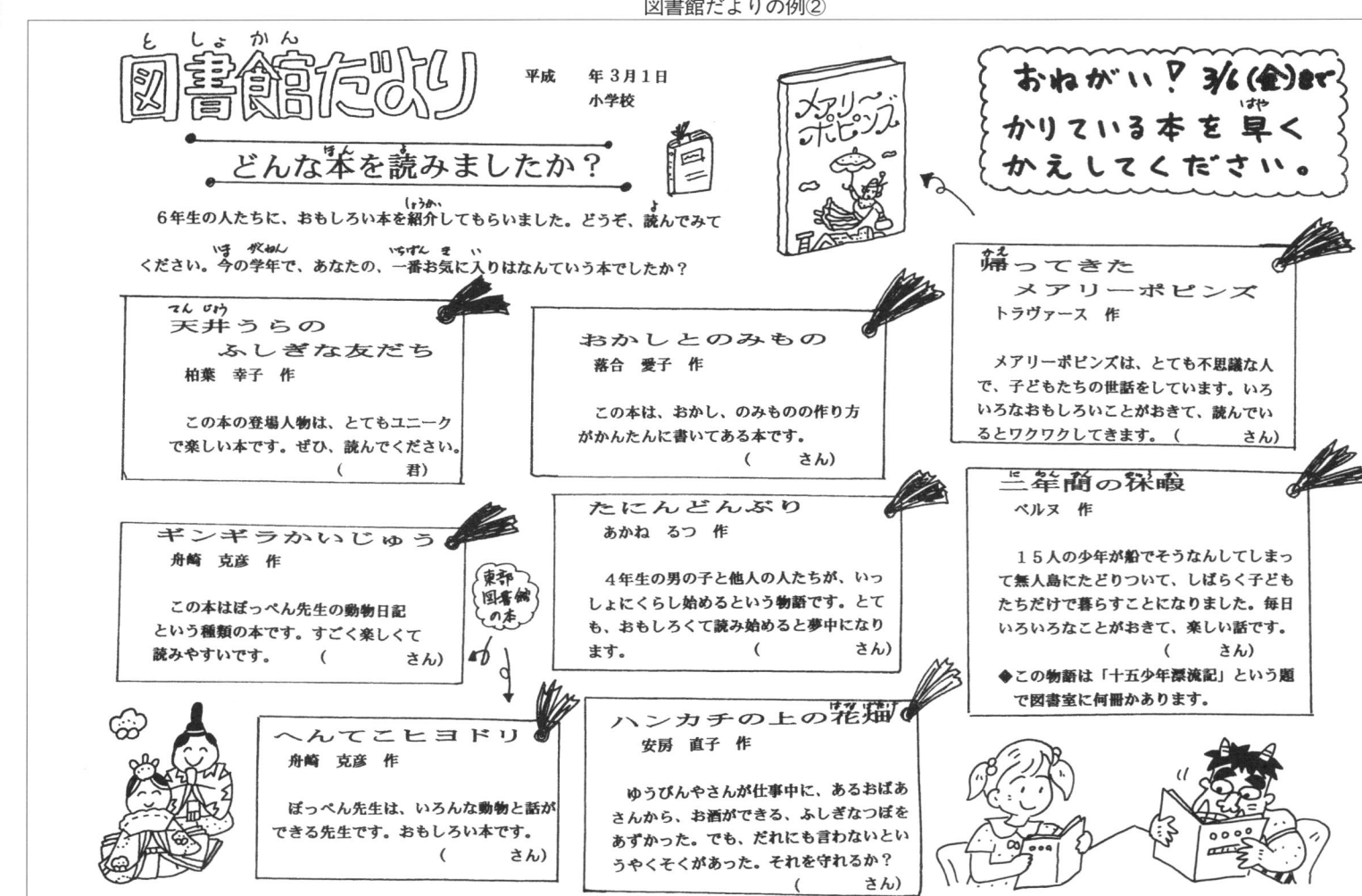

図書館だよりの例②

図書館だより

平成　年3月1日　　小学校

どんな本を読みましたか？

6年生の人たちに、おもしろい本を紹介してもらいました。どうぞ、読んでみてください。今の学年で、あなたの、一番お気に入りはなんという本でしたか？

天井うらのふしぎな友だち
柏葉幸子 作

この本の登場人物は、とてもユニークで楽しいです。ぜひ、読んでください。
（　　君）

キンギョヌマのせんちょう
舟崎克彦 作

この本はほっぺん先生の動物日記という種類の本です。すごく楽しくて読みやすいです。

おかしとのみもの
落合愛子 作

この本は、おかし、のみものの作り方がたんねんに書いてあります。
（　　さん）

たぬきどんぶり
あかね るつ 作

4年生の男の子と他人の人たちが、いっしょにくらし始めるという物語です。とても、おもしろくて途中で夢中になります。
（　　さん）

ハンカチの上の花畑
安房直子 作

ゆうびんやさんが仕事中に、あるおばあさんから、お酒がてきる、ふしぎなつぼをあずかった。お酒はほしくなかった。でも、だれにも言わないというやくそくがあった。それを守れるか？
（　　さん）

帰ってきたメアリーポピンズ
トラヴァース 作

メアリーポピンズは、とても不思議な人で、子どもたちの世話をしています。いろいろなおもしろいことがおきて、読んでいるとワクワクしてきます。
（　　さん）

二年前の休暇
ベルヌ 作

15人の少年が船でそうなんしてしまって無人島にたどりついて、しばらくそこだけで暮らすことになりました。毎日いろいろなことがおきて、楽しい話です。
（　　さん）
◆この物語は「十五少年漂流記」という題で図書室に何冊かあります。

へんてこヒヨドリ
舟崎克彦 作

ほっぺん先生は、いろんな動物と話ができる先生です。おもしろい本です。
（　　さん）

おねがい？ 3/6(金)までかりている本を早くかえしてください。

7章　校内・家庭・地域とつながる学校図書館

　図書館だよりは1年分ファイルしておき，次年度の参考にします。他の学校と図書館だよりを交換したり，活動を共同でまとめる資料にすることもできます。図書担当は各学校それぞれで活動しがちなので，情報交換に努めましょう。

　　＊参考図書　『図書館だより資料』（新樹社），『たのしい図書館だより』（東陽出版）

3　先生方との協力体制作り

　子どもと保護者向けの図書館だよりの他に，先生方へのお便り，活動報告などをときどき出してください。イベントをしたときの様子や参加人数，学校図書館のできごと，学校図書館からのお願いなどを書きます。

　学校司書が入ったばかりの学校では，どんな役に立つのか具体例をあげて協力体制を整えていきます。学校図書館の中のレイアウトを変えたり，本の場所を変えたりした場合は，その都度報告します。

　学校図書館を身近に感じてもらえるようにしてください。「今度学校図書館で授業をしよう」「この本を使ってみよう」そう思ってもらえる内容にします。お便りを司書教諭，図書主任から出すのであれば，簡単な読書の時間の展開例などを紹介してください。新聞の読書案内や学校図書館情報の切り抜きのコピーでも。学校図書館の大切さが伝わるようにします。

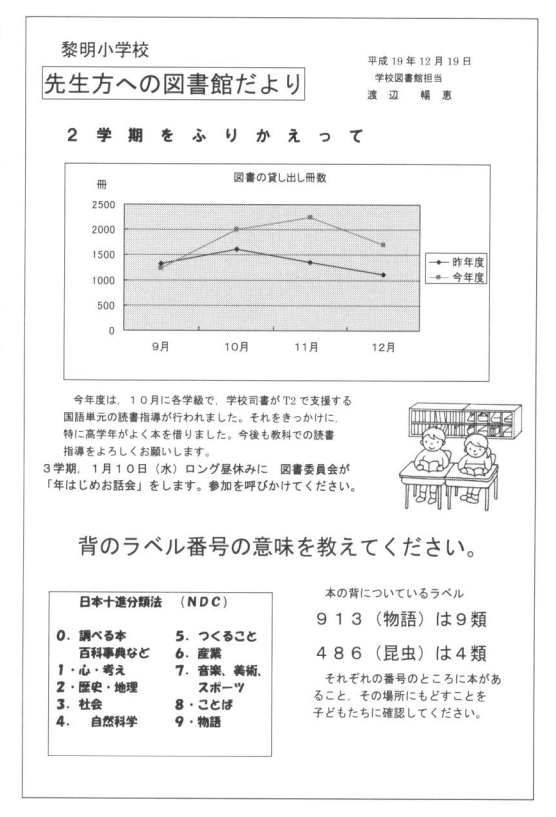

先生方に出すお便りの例

　教員で図書主任をしていたときに感じたことですが，「学校図書館に行くなんて時間のむだ」という先生にわかってもらうのには相当の努力が必要でした。中学校では，生徒にも協力してもらって，理科の本を分類別に全部書き抜いてリストにしました。それを理科の先生に渡したところ活用してもらえました。これも一種のお便りかもしれません。この先生は転任して図書担当に立候補しました。きっかけはこの理科の本リストだったそうです。

　使いやすい学校図書館，その情報提供で先生方にも学校図書館の大切さがわかってもらえるのです。図書担当者は先生1人1人とつながっていく努力をしてください。

4　保護者と学校図書館

　図書館だよりは子どもと保護者両方に向けて書きます。これで1つ連携ができます。お便りを持って公共図書館に家族で本をさがしに行ったご家庭もありました。「図書館だより読んでますよ」と校内で会う方が何人か声をかけてくださいました。1人の働きかけでも少しずつ広まっていくのを感じました。

　本が好きなお母さんは，授業参観の帰りなどに学校図書館に寄っていきます。そこで，本についてのおしゃべりをすることもありました。来てくださる方にわりあい共通しているのは，小さいころに学校図書館に通った思い出があること。学校司書がいて，その人に会うのが楽しみで行ったという方もいます。

　私事ですが，筆者が入学した静岡県清水市の入江小学校には学校司書の方がいました。小学校1年生のときにそういう人に出会えたことは大きかったです。整備されたたくさんの本に驚いて「これ，6年生までに全部読んでいいの？」と聞くと「いいのよ」と優しく答えてもらえたときの胸いっぱいのうれしい気持ちは今でも覚えていますし，その学校図書館に，放課後母と行った思い出もあるのです。

　ですから，放課後学校図書館に来たお母さんと子どもが話している姿を見ると，懐かしいのと同時に「きっとこの子はこれから本と学校図書館が好きになる」と思えてきます。

　「この『かぎばあさんシリーズ』（岩崎書店）お母さん大好きだったのよ。なつかしいなあ。あ，この本も読んだ。ねえ，これ借りてみたら？」

　お母さんが子どもに語りかける声が聞こえてきます。お母さんに来てもらえるご家庭には読書の雰囲気があるのでしょう。お母さんが学校図書館に来てくれる子は，たいてい読書量も多いです。

　夏休みに学校図書館を開館した学校はお母さんが小さい弟さん妹さんもつれて本を借りに来ていました。弟さん妹さんも絵本を1冊ずつ借りていきました。きっと，この子たちが小学校にあがったときに学校図書館に来てくれるだろうと思いながら見送りました。お母さん同士で学校図書館の椅子に座っておしゃべりをしたりする様子もいいものです。

　保護者の方からや講師としてお招きのあったところなどで聞く言葉に，「どんな本を読ませたらいいのかわかりません」「自分から読むようになってほしいのですが，なかなか手に取りません」というものがあります。この2つの答えは同じなのです。「その子にぴったりの本があればいい」です。そのためには，子どもをよく理解しなければいけません。保護者の方にお子さんの好きな本の傾向を聞いておくと，次にすすめる本の参考になります。

　例えば，「『かいぞくポケット』（あかね書房）が好きなんですが，公共図書館では貸し出し中でなかなか借りられなくて，ここにはほとんど全部ありますね」というお母さんがい

ました。その子は小学校1年生でした。1年生で文字が主の本を読みこなし,しかもシリーズをほとんど読破しているということは,ずいぶん読む力のある子です。ユーモアのあるお話が好きだということがわかります。そういうことがわかれば今度1人で学校図書館に来たときに,おすすめの新刊の中から似た傾向のものを出してあげられます。

　また,PTAの役員さんに寄贈本の装備を手伝ってもらったこともありました。寄贈の本は台帳に記入して,学校印を押して番号を入れ,ラベル,貸し出し票をつけたり,本によってはカバーをかけたり,手間がかかります。寄贈が多いとまとまった時間が必要になってきます。学校図書館の仕事は限りなくありますから,1時間でも手伝ってもらえると本当に助かります。

　学校図書館の本の修理に保護者の方に半日来てもらった学校もありました。卒業学年の奉仕活動でした。学校司書だけでは何日もかかる仕事が,流れ作業でどんどんできてはかどりました。修理は主に背の部分でしたが,学校図書館全体が見違えるほどきれいに明るくなりました。コンピュータ化するためのデータ打ち込みを保護者に来てもらっている学校もありました。バーコードをはっていく作業もありますし,本によってデータの入れ方が違うので,それはそれは時間のかかる作業です。その後は,やり方を覚えた保護者が,時間の都合がつく日に各自で来て手伝うとのことでした。

5　公共図書館と学校図書館

　図書活動の進んだ市町村では,公共図書館と学校の連携が取れていて,学校に本を運搬するシステムができています。これは教育委員会,教育センターなど市の教育を進めていく場と公共図書館がまず連携を取らなければできないことです。

　公共図書館と学校図書館の役目は少し違いますが,利用する子どもは同じです。地域の公共図書館の蔵書を教育関係者は把握しておく必要があります。先日見に行った公共図書館では,ソ連,東西ドイツのある世界地理全集が置かれていました。小学生がよく使う日本の地理に関する本はありません。小・中学校の先生は学区の公共図書館に行く機会はなかなかありません。というのは,平日は勤務時間内しか開館していないからです。本の調査ということで放課後や日曜日などに行くしかないかもしれません。

　連携を取るシステムがない場合,学校司書がいたら,自力で自分の貸し出しカードや担任の先生のカードで本をまとめて借りてきます。一市民として利用するわけです。授業の進度に合わせて2週間の貸し出し期間をうまくあてて本をそろえていきます。延長する場合は電話でその旨を届けます。ただ,1つの学校が本を独占してしまうと,同じ単元を学習している他の学校に迷惑をかけますから,学習の時期をずらすなど配慮がいります。

　公共図書館の司書の中には,子どもたちのために協力していく姿勢を見せてくださる方

がいます。読み聞かせに向く大型絵本が書庫にあることを教えてもらったり，話題の新刊をすすめてもらったりしています。これは個人のためにしてもらうサービスではなく，この情報によってたくさんの子どもたちによい影響が及ぼせることですから，学校に協力しようという気持ちのある職員の方が増えていってほしいものです。

　教育委員会，公共図書館，教育センターなどの連携が取れていない市町村では，現場の担当者同士が手を取りあって地固めをしていかなければいけません。ＰＴＡや文庫活動家など子どもを囲む人たちとつながっていく必要もあるかもしれません。進んでいる市町村に学びたいところです。ここで文庫というのは公民館や家庭の一室に本を集めて貸し出しをしたりお話会をしたりするところです。絵本や児童書の好きな人がボランティアでやっています。20年以上続いている文庫もあります。文庫同士で連携をとって研修をしたり，図書館に要望を出したりもしています。

　次にあげるのは，市川市の公共図書館と市内の学校図書館を結ぶ相互貸借のシステムです。市川市立妙典小学校の学校司書・高桑弥須子さんにうかがいました。

●市川市のネットワーク事業

　市川市では，市立図書館と公立の小・中学校全55校と幼稚園2園，養護学校1校，高校1校，計59の学校が連携して本の貸し借りをしています。（平成11年度現在）他校や市立図書館から本を借りるには，各図書室に設置されているＦＡＸや電子メールで依頼。受けた学校の司書は，自分の学校に支障のない範囲で貸せる本を集めます。

　本は委託した業者の車で週2回，市立図書館2館を起点に全参加校を巡回しています。市立図書館の蔵書，29校の学校図書館の蔵書はデータベース化されて，内容の検索も可能（平成12年度現在）。

　各クラス，あるいは学年からの希望を受けた学校司書が他の学校や市立図書館に依頼して本を集めます。公共図書館からよりも学校間の貸し借りのほうが多いとのこと。それだけ学校の蔵書が充実しているということでうらやましい限りです。充実しているというのは，単に冊数があるのではなく，学校図書館の意義がわかり，選ぶ目を持った司書が揃えた本があるということです。貸し借りするのは本ばかりではなく，読書集会に作った大型紙しばいやペープサートなどの制作物もあります。

　しかし，ネットワークがあるから本が少なくてすむというようなことにはなりません。自分の学校の不備を補うためではなく，各学校の機能をより充実させていくための協力体制です。また，ネットワークができるまでには，30年以上にも及ぶ市の熱心な地域ぐるみの読書・図書館教育の積み重ねがあります。中でも昭和54年より置かれた学校司書の存在なしにはできなかった事業です。

7章　校内・家庭・地域とつながる学校図書館

図書館ネットワークの歩み

年度	事　項	参加学校数
平成元・2年度	・研究員会議発足（教育センター・指導課・教員・司書） ・教育現場の要求を調査	
平成3年度	・市内全小・中学校に司書又は読書指導員配置完了 ・小学校1校，中学校1校に研究を依頼	小1・中1
平成4年度	・公開研究会開催	小1・中1
平成5年度	・公共図書館と学校間の図書貸借実験開始 　（公共図書館を起点とする物流システム）	小4・中2
平成6年	・ネットワークへの参加を学校からの希望制とする	小10・中4
平成7年	・本格実施 ・学校図書館へのパソコン，ＦＡＸの配置準備 ・パソコン通信による公共図書館蔵書検索開始 ・パソコンによる学校図書館の管理検索実験	幼1・小15・中3
平成8年度	・参加校数が市内全小中学校の過半数となる ・学校図書館蔵書のデータベース化が本格化する ・パソコン通信による公共図書館蔵書検索	幼1・小22・中6 高校1
平成9年度	・物流の仕組みを全校参加を見越した形に変更 ・パソコンによる学校図書館の管理検索　9校 ・パソコン通信による公共図書館蔵書検索　20校 ・インターネット接続実験校　9校	幼1・小31・中8 高校1
平成10年度	・市内小学校全校が参加	幼2・小38・中10
平成11年度	・市内小中学校が参加（新設校・小1）	幼2・小39・中16 養護学校1・高校1

3年間の文部省地域指定開始
小学校3校，中学校2校，高校1校に
実践協力校を依頼

平成8・9・10年度文部省「学校図書館情報化・活性化推進モデル地域」に指定される

8章

1人1人を大切にする学校図書館

　学校司書として学校図書館にいると遊びに来てくれる子がどこの学校にも何人かいました。「何かお手伝いないですか？」といってくれる子もいれば、大声をあげて入ってきて注意されるのを待っている子もいました。小学校にも中学校にも必ずいました。

　学校図書館のサービスの基本は個人に対してです。個人との信頼関係の上に成り立っている場所です。それは先生に対しても同じです。あてにされない学校図書館、学校司書では活動には結びつきません。

　この章では、1人1人とどう向き合っていくかを具体例をもとにまとめました。

1　心を休めに来る子どもたち

　学校図書館を「第2保健室」といういい方があります。心の拠り所として学校図書館に来る子がいるからです。保健室登校をするような子どもは精神的な治療、拠り所を求めて保健室に行っています。似たような状況が学校図書館にもあります。

　学校司書として常時学校図書館にいると、そういう子どもが自然に来るようになってきます。治療というようなことはできませんし、何ができるということもありませんが、学校の中でほっとできる場所を提供してあげたいと思います。本がその子の心をあたたかくすることも多々あります。

　家庭が困難に陥っていて学校図書館にいつも来る子がいました。休み時間ごとに来ておしゃべりをしていくのです。一度家に帰って、また学校に来ることもありました。家庭の困ったことは一切口にしないで、絵を描いたり、本の整理を手伝ったりしていました。2人で絵本を作ったこともありました。力にはなれませんでしたが、学校図書館で一時楽し

んでくれたことは確かです。

　受験で悩んでいる子，家族の悩みを打ち明けに来る子，友達とうまくいかなくて来ている子もいました。学校図書館にいる司書には本と子どもを結ぶ前に，子どもを本を読める心の状態にする仕事もあるのです。

　友だちとあまり話をしないで，いつも休み時間は学校図書館に来ている子がいました。ある日，4，5人と話していたところ，その子もそばにいたので話しかけました。ちょっと笑いました。あとで聞くとその子が笑った顔を見たのは久しぶりだということでした。

　学校図書館は本を読む場所ですが，本があってそこに「人」がいればさらにあたたかい場所になって子どもたちが来るようになります。本とまったく違う話をしていても視界に本がたくさん入ってきます。「あ，これ新しい本？　先生おもしろかった？」などと自然に本の話題にもなりました。

　司書教諭，図書主任のみの学校でも，居心地のよい環境は作れます。本を読むだけではなく，心を休めに来る子のことも考えて学校図書館を作ってください。しかし，何よりよいのは，人のぬくもりです。学校司書がいない場合，図書担当の先生はできるだけ学校図書館に行って子どもたちと話をしてください。

2　子どもたちとのふれあい

　いくつもの学校の学校図書館で仕事をして，たくさんの子たちと話をしました。本の話もしました。将来の夢についての話も聞きました。小学校1年生から中学校3年生まで，あの子と話したこと，この子と話したこと，そのときの表情などたくさん浮かんできます。担任でもなく教科の接点もほとんどない学校司書です。しかも勤務は不規則で他の学校と兼任です。どの子と話すときにも，「この子と話せるのは，この1回だけかもしれない」そう思って真剣に聞き，また自分の考えを話しました。学校図書館に1歩入ってきた子に今できる精一杯を贈ることを信条に，1人1人に接するようにしました。それが学校図書館の活動の基本だと思っています。

　学校司書，司書教諭は各学級の名簿をもらって，なるべく多くの子の名前を覚えてください。ときにはニックネームで呼んでください。親しみが増します。以下に思い出に残っている子との会話などをあげてみます。

「リコーダー聞かせてあげるよ」
　小学校6年生の彼は，学校図書館に来ると，いつも大声でさわぐのです。誰かに本を紹介していると割り込んでくるし，遠くから「先生，先生」と大声で呼ぶし，大変でした。学級で来ると，必ず最後に1人残っていくのです。「この本貸して」ということもあったし，ただブラブラしているだけのこともありました。

ある日，放課後ぶらっと来て，「リコーダー聞かせてあげるよ」というのです。「ああ，またすごい音でも出してうるさくするんでしょう」と内心思いつつ，「聞かせて」といいました。ところがそれが本当に上手なのです。短調のメロディを澄んだ音色で聞かせてくれました。

　誰もいない学校図書館いっぱいにきれいな音が響きました。何か言葉にできないさびしさがこもっているようで，涙が出ました。「なんかいい本ない？」というのですすめたのは『ジンゴ，ジャンゴの冒険旅行』（あかね書房）でした。孤児の男の子が冒険をして幸せになる物語です。2日後，「おもしろかった」と返しに来てくれました。

　小学校・中学校兼任で学校司書をしていましたので，卒業してからは中学の学校図書館でまた会うことができました。中学になってもよく学校図書館に来て本を借りていました。中学生になってからは，大声で騒いだりはしなくなり，ぐっと大人になりました。

「渡辺先生をきにってます」

　小学校4年生の女の子が学校図書館の机の上にメモを残していってくれていました。個人の貸し出しカードを1枚使い終わったときでした。「わたしはカード1まい使っていろいろ本をかりてよかったです。これからもよろしくね。毎日図書室に来ます。わたなべ先生をきにってます」と，1行1行サインペンの色を変えてていねいに書いてくれていました。

　この女の子のお母さんとたまたまお話しする機会がありました。彼女は小さいころから体が弱くて，今も検査をしているとのことでした。「生きて元気にしてくれているだけでも幸せだと思うほど，大変な時期もありました」ほとんど毎日来て，本を借りるだけではなくダンスも披露してくれるお茶目さんが，そんな大変な病気をしていたのかと胸を突かれました。

「はい，おりがみで作ったよ」

　小学校4年生のこの女の子はおりがみが得意でした。いい子なのですが，すぐに泣いてしまうのです。それで友達関係もむずかしいところがあったようです。この子は手先が器用で，様々なものを折紙で折れるのです。

　司書の机のそばに作品コーナーを作って展示させてもらいました。他の子も作って持ってきてくれて，おりがみ作品がいっぱいになってにぎやかでした。ぴょんととぶカエルを作ってくれたりもしました。それで，誰が遠くまでとぶか競争して遊んだりもしました。その遊び仲間は，学校図書館に足を運ぶ回数が多い分，本もたくさん借りてくれていました。

「大きな夢は持ちません」―キャリア教育はじめの一歩―

　小学校5年生の男の子でした。学校図書館に1人でぶらっと来る子です。歴史の本が大好きで，よく借りていました。ある日の放課後「将来，何になるの？」と聞いてみました。「サラリーマンです」という答え。「サラリーマンっていう仕事ないよ」というとキョトン

8章　1人1人を大切にする学校図書館

としています。「こんな仕事をしたいなっていう夢を持ったほうがよくない？」というと，「大きな夢を持ってうまく行かなかったら自殺したくなるかもしれないでしょ」とまじめにいいます。「大きな夢を持ってうまくいかなかったら，少し小さな夢にすればいいんじゃないの？　初めから小さな夢やほとんど夢を持っていなかったら，それがなくなったら，なんにもなくなるよ」「うーん。そうかもしれない」真剣にうなずいてくれました。

これと似たような言葉を中学2年生の男の子からも聞きました。「先生，夢の仕事なんて甘い，甘い」現実的な考えを持った子たちです。「めざせ！　あこがれの仕事」（ポプラ社）というシリーズの本をすすめてみたときにいわれました。

確かにそうかもしれません。でもあえて，「夢の仕事を持とうよ」といっています。そういうきっかけになる本に出会えてもらえたらと願っています。中学2年のその男の子はあとで「めざせ！　あこがれの仕事」のシリーズを手に取ってくれていました。

「私の投稿のりました」

中学2年生の彼女は作家になるのが夢です。『MOE』（白泉社）という雑誌の投稿コーナーに彼女の文章がのりました。それをコピーして持ってきてくれたのです。ずっと以前に書いた物語を見せてくれたこともありました。中学生になると大人に近い感性で本を読んでいます。もっと純粋に楽しんでいるかもしれません。『風にのってきたメアリー・ポピンズ』（岩波書店）の話で盛り上がったことがありました。自分が書いた文章が活字になるのはうれしいものです。「作家への1歩かな？」というとにこにこしていました。

彼女は転入生でしばらくクラスになじめずに困っていました。養護教諭も相談にのっている様子でした。学校図書館でほんの少しの時間でも会話ができて心が和むようでした。そのうちにやはり本が好きな仲間ができて，表情もぐっと明るくなって安心しました。

「結婚できてよかったね」

これは中学2年生の男子何人かと話したときにいわれた言葉です。「先生，高校でカレいたの？」「いたいた，○○君にそっくりでかっこよかったよ」とその場にいる子の名前をあげました。「その人と結婚したの？」「違う違う」「どうして？」「ふられちゃったのよ」「今は？」「結婚してる。子どもも2人いるよ」一同深く感じいった様子で「結婚できてよかったね」といってくれました。

読む本はすすめられませんでしたが，朝の自習で『熊の皮を着た男』（こぐま社）を語ったところ，このときのメンバーが思いの他，よく聞いてくれたのが印象的でした。

「きょうはボクの誕生日」

「きょうはボクの誕生日」小学校1年生の男の子が読書の時間にいいに来ました。「おめでとう。あとでいいものあげるからおいで」といっておきました。こういうときのために，しおりにできる絵をストックしてあります。『エルマーのぼうけん』（福音館）のカバーを切り取って画用紙にはり，リボンをつけました。裏には「おたんじょうびおめでとう○○

君，これからも本をたくさん読んでね」と書きました。

　放課後，かわいい顔をのぞかせてくれました。しおりを渡すととても喜んで「これね。幼稚園にあって読んでもらったんだよ」といいました。その何日か後，しっかりこの本を借りてくれました。

　こういうエピソード集を作りたくなるほど，たくさんのふれあいがありました。今でも年賀状や手紙のやりとりをしている子もいます。本をすすめるきっかけになったこともあれば，ただ，話をしただけの子もいました。彼らが大きくなったときに「学校図書館は楽しかったなあ」と思い出してくれたら，学校図書館がもっとよくなるのではないかと期待します。教育関係のエライ人になって，図書館関係の予算を増やしてくれるかもしれません。

3　清掃指導も学校図書館の活動

　学校図書館には割り当てのクラスが清掃に来ます。その子たちに掃除をさせるのは一苦労することがあります。教師ではない人だと，甘えてしまう子もいます。

　学校図書館をきれいに保っていくのも大切な環境作りです。ほこりやごみがあるところでは魅力もなくなってしまいますから。司書教諭，図書主任の先生は受け持ちのクラスを学校図書館の清掃担当にしてもらってください。本の整理などクラスの子だと頼みやすいですし，清掃時間に一度は学校図書館に行くことができます。学級を受け持っていると，気持ちはあっても忙しくてなかなか学校図書館に行けないのが悩みです。

　清掃は分担と手順をしっかり決めてください。ほうき，バケツ，棚・机ふき，床掃除など決めておきます。メンバーが交代してもいつもできるようにします。手順は紙に書いて掲示しておいてもいいかもしれません。

　学校図書館にずっといられる学校司書，司書教諭は掃除を子どもたちといっしょにするようにします。時計を見ながら，どんどん進めさせていきます。上手にできたところやがんばっている子をほめたりしながら，いっしょに手を動かしてください。以下に清掃をよくさせるためのヒントをあげてみます。

ゲーム感覚で掃除競争

　じゅうたんが敷き詰めてある学校図書館は汚れが目立ちにくい分，ほこりや砂などがたまっています。掃除機は1人しかできません。他の子は，小ぼうきとチリトリを1人1組ずつ持って，じゅうたんの上をはいてゴミを集めます。誰が一番たくさん集めたか，私に勝てるか，男女対抗などといろいろ方法を変えてやってみました。5年生でしたが，おもしろがってやって学校図書館のじゅうたんがずいぶんきれいになりました。床が雑巾でふける学校図書館は，誰の雑巾が一番汚れを拭いたか競争します。男女別のバケツにして，

雑巾をゆすいで水が汚れているほうが勝ちなどということもしました。

　掃除の最後には雑巾しぼりゲームです。子どもがしぼった後に私がしぼって水がいっぱい出たら負け，ほんの少し出たら引き分け，ほとんど出なかったら子どもの勝ちです。これは小学生から中学生までおもしろがります。

心によびかける

　子どもたちは，なかなか清掃を熱心にはしません。担任ではない先生や学校司書のいうことをきかない子もいます。そんなときは，子どもが掃除をする気持ちになるようにいってみるのもいいかもしれません。

　「ここは学校中の人が使う大切な場所だから，がんばってきれいにしましょう」「汚れをきれいにすると，心の垢も落ちてりっぱになります」と，おさぼりさんにはいってきかせます。

　将来会社員になるという5年生の男子に，「君が将来会社の面接を受けたときにね，ほっぺたに書いてあるのよ。小学校5年生で掃除をきちんとしたかどうか，ってね。見る人が見ればすぐわかっちゃう」こういうと必ず「うそだあ」といいます。「今のはちょっと冗談だけど，冗談じゃない部分もある。その人の顔つきに，日頃の行いが出るものだから，1回で見破られてしまうのよ」「……」この子は，まじめに掃除をするようにはなりました。

あいた場所におすすめの本を置いてもらう

　展示用イーゼルがあいているときには本を立ててもらいます。展示した本が借りられたときには「いい本を選ぶ目がある」とほめてください。清掃当番は準図書委員のようなものです。

書架整理

　本は左から番号順に置くことを教えて，いつもやってもらいます。奥に押し込んでしまわずに，手前にそろえて並べて，右側を少し空けてブックエンドで倒れないようにします。このようになっていると，学校図書館が整然としてきます。教科で使ったコーナーはどうしても乱れがちになりますから，よくやってもらいます。返す場所が間違っている本は直してもらいました。

　清掃時間中は本の返却や借りる手続きをしてはいけませんが，清掃終了後はしていいことにしました。本の整理をしながら，どの本がいいか考えている子もいます。ある中学校では清掃に来るクラスが一番よく借りていました。

4　困った行動をする子

　学校図書館で困った行動をする子がいます。担任の先生がいない解放感もあるのか，悪ふざけをしたり，けんかをしたり，悪口をいったりすることがあります。子どもですから

仕方がありません。そういうときには，1人の大人として厳重に注意をします。学校図書館のモラルを向上させていきます。

学校図書館内に限らず，困った行動をする子は信号を出しているととらえてください。どうすれば，その子が本来あるべきよい姿になるかを考えて対処します。いけないことをしたときに黙認してしまうと，それが許されることになります。

大声をあげて注意をひきたがる子

このタイプの子には2種類あって，「よしよし」とまめに相手をしたほうがいい場合と，「大声を出しても無視をする」のように相手にしないほうがいい場合です。どちらにしても1対1のふれあいを求めている子ですから，話す機会を見つけていってきかせます。そのときに小学校中学年くらいまででしたら，頭やほほをさわってください。もう少し大きい子でも肩に触れるなどしてください。嫌がらなければ，そういうちょっとしたスキンシップで改善される場合もあります。注意を引きたいのですから，愛情に飢えている子です。

友達の悪口をいう子

目の前や聞こえる範囲で他人を傷つける言葉が出たら，その場ですぐに注意するのが鉄則。「今度いったら注意しよう」では，容認したことになってしまいます。「そんな悪口をいってはだめ」と軽く注意するだけで聞く子もいますが，中には「ほんとのこといって悪い？」などという子もいます。「悪いのよ。他人を傷つけるっていけないことでしょ」「だって，あの子は……」と食い下がってくる子もいます。それでも負けないでください。子どもの目をまっすぐに見て注意するのがコツです。

「悪口をいうと学校図書館の空気が汚れる」「悪口をいう人は不幸になるのよ。この学校図書館の本にそういうことがたくさん書いてあるの」などということもありました。

こういう態度を見せることで，学校図書館がよい雰囲気になっていくのです。それがよい読書生活につながることはいうまでもありません。

走ったり暴れたりする子

こういう子にはとにかく注意をします。元気があり余っている子ですから，校庭で遊ぶようにいってください。聞かない場合は担任の先生のご指導もお願いします。楽しくしても他人に迷惑をかけないこと，これを徹底していきます。

5　先生1人1人に向ける心

他の章でも書きましたが，学校図書館は子どもだけを対象にしてはいけません。利用者が限られてきます。学校司書・司書教諭なら授業中に連携するためにも先生方1人1人の信頼を得て，つながりを作っていく必要があります。いい換えれば信用を得るというのでしょうか。

8章　1人1人を大切にする学校図書館

　何か少しでもさがす本がある先生には，できるだけ多くの資料を提供してください。その先生が考えている以上の範囲に及ぶ資料を出すと喜ばれます。公共図書館から借りてきたり，パンフレットを取り寄せたりします。

　先生が個人的に読みたい本でも，ついでに公共図書館から借りてきます。朝や退勤のあいさつをしたときに何かもう一言付け加える努力もしました。何がきっかけで学校図書館の利用につながるかわかりません。

　先生方の名前を覚えるのが一番ですから，何校か兼務のときには似顔絵を書いて覚えたり，職員名簿をもらって覚えるようにもしました。それでも，高橋先生に向かって「鈴木先生」などと呼びかけてしまうこともありましたが。そばを通った生徒がクスリと笑っていました。

　雑談も大切です。あまり図書の話はしないで，家族や趣味の話をしたりしました。花作りが好きで園芸委員会を指導する先生からはサルビアの上手な育て方を教わり，育てて学校図書館の窓辺に飾りました。その先生のクラスで『ルピナスさん』（ほるぷ出版）を読んだところ先生にも好評でした。子どもたちも気にいったようでした。

　また，先生方も放課後などにちょっと座って本を調べたりできる学校図書館の雰囲気を作らなければいけません。先生が座りたくなる場所なら子どもたちもきっと居心地がよくなります。図書資料を教材研究に使ってもらえるぐらいに揃えておきたいものです。

　図書主任のみの学校では，どうぞ，熱意で協力してもらえる先生をふやしていってください。それは校務分掌上ではなく，気持ちの上で賛同してくれる先生です。イベントを図書委員と企画したら，学級の子どもたちにもよく呼びかけてもらえます。アンケートなどには意見を寄せてくれて，またいいアドバイスもしてくれます。図書委員のお話会にも顔を出してくれます。そんな仲間を増やしていくのも図書主任の役目だと思いました。

　教員時代の最後に図書主任をした学校図書館に，数年後行く機会がありました。入って，一瞬驚きました。知っている顔が何人も当時の大きさでいるのです。よくよく見ると私が覚えている子たちの弟さん妹さんでした。上級生がつくったよい伝統を継いでくれていました。カウンター前に列ができて，テーブルに向かって何人も本を読んでいます。私がいたときと同じように，いえ，それ以上に盛況でした。引き継いだ次の先生ががんばってくださっていたのです。学級を持って図書主任をする大変さがよくわかるだけに，感謝したい気持ちになりました。早くこの学校にも学校司書が常時置かれて，授業で常に利用され，さらに磨きのかかった活動ができるといいとも思いました。

9章

学校図書館とコンピュータ

　教育の情報化が進み，ここ数年でコンピュータは教育上なくてはならないものになってきました。コンピュータが導入される学校図書館も増えてきています。この章では，学校図書館でのよりよいコンピュータの活用方法を紹介します。

1　学校図書館でのコンピュータ利用

①　CD，DVD，リンク集

　インターネットに接続していない場合は市販または学校用に作成したCD, DVDが調べ学習をする際の資料の1つとなります。視聴に時間がかかるものは，それを見るだけで終わってしまうので内容を考えたほうがいいでしょう。コンパクトにまとまったものが向いています。学校司書が常駐しない学校では管理の方法を配慮します。学校図書館で使用してよいか，確認することも必要です。インターネットに接続している場合は，学習に関係するリンク集を作っておくと資料になります。

②　プレゼンテーション

　プレゼンテーションソフト（パワーポイントなど）を使って，授業や，発表会・お話会などをします。この方法は，プレゼンテーションソフトが入っているパソコンを持っていればすぐに実施できることです。授業用に準備したものを見せて導入やまとめに使ったり，考えたりする場面に使えます。児童・生徒が調べてまとめたことを発表することもできます。これは，教室でも実施できることですが，スペースのある学校図書館でしたら，ゆっ

9章　学校図書館とコンピュータ

くりと発表できます。発表する内容に関する本を同時に見せたり，学校図書館のどこにあるのか伝えると，聞いてすぐ読んだり調べたりすることにもつながり，学習が深まります。

　スキャナやデジタルカメラで絵本の挿絵の画像を撮って，拡大して見せながら，お話を読んだりブックトークをすることもできます。よく見えて，集中して聞くので，自分で読む意欲も高まります。ただし，これは著作権の関係で，出版社を通して挿絵画家の許諾が必要になります。どのような趣旨で，何ページの挿絵を使うのか，ファックス等で伝えて許可をもらってから実施してください。表紙を使う場合は，書名，出版社が明記されていればよいとのことです。＊著作権について詳しくは，次頁の解説をご覧ください。

コンピュータに入れた画像を使ったブックトーク
紹介しているのは，斉藤洋作，大沢幸子絵『なん者ひなた丸，大ふくろうの術の巻』（あかね書房）
写真撮影　学校図書館指導員　金子慈美さん

　上の写真のブックトークのテーマは「斉藤洋の本を読もう」です。子どもたちに人気のある『ルドルフとイッパイアッテナ』（講談社）を中心に，斉藤洋の本を紹介します。この授業のあとに，学校図書館のどこに斉藤洋の本があるかを確認します。「日本の物語だから9類，斉藤洋だから『さ』の場所を見てみましょう」と分類の学習を続けてできます。本の分類や配置は，覚えてしまえば簡単なことですが，学校図書館をあまり利用しないとわかりません。ブックトークで興味を持ったあとですから，どこを探したらいいのか，よく考えて覚えます。返却も上手にできるようになります。

③　司書教諭，学校司書の実務

　今や，コンピュータなしには事務仕事はできなくなってきています。すっかり文房具として定着してきました。以下が学校図書館用に作成するものです。学校図書館でコンピュータが使えると，学校司書・司書教諭の仕事の効率が上がります。

図書の発注リスト
　表計算ソフト（エクセル）を使用します。合計金額を1冊入力するごとに出せて，記録として保存しておくことができます。また，他の学校とリストを交換したり，お互いにや

りとりして追加したりなどする際も便利です。

●解説 学校と著作権

　「著作権」とは，著作者が創作した著作物に対する権利のことです。著作者は作品を作るために多くの時間とエネルギー，資金をかけます。それを他の人が安く量産して収入としてしまいますと，著作者に利益が届かなくなって労力が報われません。それだけではなく次の作品を出すことが困難になってしまうこともあるでしょう。また，著作者が心を込めて作ったものを勝手に使ったり改変したりしてしまうのは大変失礼なことです。

　このようなことがないように著作者の権利を守っていくために「著作権法」が制定されています。しかし，著作物は多くの人に利用してもらってこそ価値があり，次の著作物が生み出されることにもつながっていきます。そこで，許可なく使ってよいという範囲も定められています。コピーや印刷などの複製については著作権法で次のように定められています。

　　著作権法第35条
　　　学校その他の教育機関（営利を目的として設置されているものを除く。）において教育を担任する者及び授業を受ける者は，その授業の過程における使用に供することを目的とする場合には，必要と認められる限度において，公表された著作物を複製することができる。ただし，当該著作物の種類及び用途並びにその複製の部数及び態様に照らし著作権者の利益を不当に害することとなる場合は，この限りでない。

　通常の授業で使う範囲ならよいということになります。収益を目的としない絵本などをそのまま使った読み聞かせも許可はいりません。ただし，作品からパネルシアターを作ったり，大型絵本にしたり，パワーポイントを利用して拡大映写する，またはホームページで紹介するというように形を変えるときには利益が出ない場合も許可が必要です。出版社に電話やメール，ファックスで問い合わせると，担当の方が丁寧に対応してくださいます。

　2006年5月に，「読み聞かせ団体等による著作物の利用について」という手引きが，日本児童出版美術家連名，日本児童文学者協会，日本児童文芸家協会，日本書籍出版協会児童書部会という4つの団体の協議で作られました。著作者に無断で使ってよい範囲と許可を必要とする範囲がわかりやすくまとめられています。「著作物利用許可申請書」（兼・許諾書）もついていますので，必要事項を記入して使うことができます。

　詳細については日本書籍出版協会（http://www.jbpa.or.jp）のホームページにある「児童書手引き『お話会・読み聞かせ団体等による著作物の利用について』」を見てください。申請書もダウンロードして使えるようになっています。

9章 学校図書館とコンピュータ

リストの例

黎明小学校　後期発注リスト	合計	400,965	
書名	出版社	値段（税込み）	備考
マーク・記号の大百科　全6巻	学習研究社	17,640	3年生　国語
記号のポケット図鑑　2セット	あかね書房	5,080	3年生　国語
「マーク」の絵事典	PHP研究所	2,940	3年生　国語
世界のサインとマーク	世界文化社	2,520	3年生　国語
世界のマーク	主婦の友社	1,680	3年生　国語
以下つづく……			

掲示物

　掲示物もコンピュータで作ると，とてもきれいに仕上がりますし，保存もできます。次年度に少しアレンジして使うことも可能ですし，リストや図書館だより同様，他の学校と共有することもできます。学校図書館は各学校単独であるのではなく，協力できるところはいっしょにして，さらにそれぞれの学校で工夫するようにしたいものです。

柏市立逆井中学校学校図書館　　　　　　　　柏市立柏第三中学校学校図書館の廊下

　上の2校は，同じ原本（学校司書　吉田秀美さん制作）をもとにそれぞれの学校で作りました。柏市の学校司書は学校図書館で見られるメールを使用して連携をとっているので1人が原本をデータで作ると全員が使うことができます。逆井中学校（学校司書　平川香織さん制作）は，クリスマスグッズも使ってセンスよく作ってあります。柏第三中学校（学校司書　加治美佐子さん制作）は，クイズの答えが紙をめくると出るように工夫してあります。柏市内61校全部がこのように，それぞれの学校で工夫して，同時期に同じような掲示や展示をしました。クリスマスの掲示は吉田さんのアイディアで，実施できたことです。

図書館だより

　図書館だよりはワープロ機能のソフト（ワード，一太郎など）を使い，家庭配布用と，校内職員用の2種類出します。挿絵もCDになっていますし（拙書『いますぐ活用できる学校図書館づくりQ&A 72』にもつけてあります），フリーソフトでカットもあります。紙で作った場合よりも保存がしやすく，劣化もしません。また，これも他の学校と交換することができます。千葉県柏市では，学校司書が当番制で，各月の学校図書館だよりの原本を作ってメーリングリストで流し，それを元に各学校で作るようにしています。ですから，市内のすべての学校で，家庭向け学校図書館だよりを出しています。コンピュータを使うと，写真もきれいに入るので，職員向けはカラー印刷にして掲示すると，よく見てもらえます。掲示する場所のおすすめは，印刷機，コピー機の前です。しばらくの間，立ち止まらなくてはいけないので自然に目に入ってきます。

　グラフもきれいに素早く作って入れられます。例えば毎年の貸出状況のグラフは，励みになります。学校図書館担当者の熱意と先生方の協力でグラフの線は右上がりになります。

他の学校との情報交換

　メールが使える学校図書館ですと，他の学校への問い合わせや，上記のような共通する制作物がすぐに取り出せて，とても便利です。職員室や家庭にあるコンピュータでもできることですが，学校図書館にプリンターも設置してあれば，掲示物，学校図書館だより，リストなど，勤務時間内に手軽に作ることができます。蔵書を共有するネットワークがある市では，必要な本を依頼し合うのもとてもスムーズにできます。蔵書をデータ化して学校間で共有している市町村は，どこに必要な本があるか検索できます。

学校図書館からの情報発信

　学校図書館のホームページがあると，地域，家庭との結びつきがさらによくなります。

　学校図書館の活動紹介，学校司書や司書教諭のおすすめの本などを出します。それぞれの学校のホームページにリンクを張り，入れるようにするといいでしょう。

④　インターネット情報を調べ学習に活用

　学校図書館の悩みは，どうしても資料の数に限界があって，調べられない内容があることです。学校図書館に1台でもインターネットが使えるコンピュータがあると解決します。

　例えば，環境問題を調べている中で，環境の悪化が原因で住む場所が奪われている動物を調べたくなった児童がいました。報道では聞きますが，その学校にある本では見つかりませんでした。インターネットではすぐに調べられました。プリントした資料は，そのまま渡してしまわずに，読んで大切なところをノートに書かせてください。本を調べるのと同じことです。プリントした資料は返してもらって学校図書館の資料にします。ただし，そのサイトに問い合わせて，学校図書館に保存してよいかの許可が必要になります。

9章 学校図書館とコンピュータ

⑤ 貸し出し業務と管理

　最近では学校図書館も徐々に，情報機器の導入（いわゆる情報化）が進んでコンピュータでの図書管理に切り替わってきています。

　バーコードはカードにして個人に持たせる方法でも，一覧表は学校図書館のカウンターに準備してください。教師用バーコードも作り，1学級で使う場合に備えて貸し出し可能冊数を多くしてください。カード貸し出しからコンピュータ貸し出しに変わったばかりの学校は，校内全職員が使えるように研修会を実施してください。転勤してきた先生の研修を年度はじめに実施することも必要です。

　コンピュータは便利ですが，壊れてしまうこともありますから，バックアップをとっておきます。また，コンピュータが止まったり，立ち上げるまで時間がかかってしまうこともあるので，補助にノートを準備しておいてください。コンピュータが使えないときには，ノートに書いて借りることを全職員，児童・生徒に伝えておきます。

　コンピュータで管理をすると蔵書のバランスも見られますし，何冊の貸し出しがあったかの統計もカードでの貸し出しをしていたころより速く正確にとれます。競争のようになってはいけませんが，学校図書館担当者は利用状況を把握して支援をします。学期ごと，年度末には貸し出し合計を全校の人数で割ってください。およその1人あたりの貸し出し冊数が出ます。これは，自分の仕事の評価として受け止めます。

　蔵書点検は，本をパソコンのそばに移動するよりも，複数のノートパソコンを持っていってバーコードリーダーで番号を読んでいく方が速くできます。2人1組で入力を確かめながら進めると間違いがなくできます。

保護者の協力で蔵書点検を実施（柏市立十余二小学校）
4カ所に分かれて点検中。学校司書　岩城英子さんがリードしています。

⑥　図書の検索

　蔵書を電算化することによって，本のデータが把握できるようになりました。多くの学校図書館は，目録カードまでは手が回らないのが現状でしたが，データがコンピュータに入ったことで，検索ができるようになりました。公共図書館にはOPAC（Online Public Access Catalog）があって，本をさがすことができます。学校図書館でもさがしたい本があるかないか，貸し出し中なのかがわかり，ない場合は，市内の他の学校にはあるのか，公共図書館にあるのかなど検索できると，とても便利です。

　この機能を確立するには，学校図書館の本を借りる時には，バーコードリーダーを通して借りることを職員も含めて全員で守り，返す場所を覚えなければいけません。そのためには，学校図書館利用のオリエンテーションをしっかりすることが重要です。

2　多メディアの活用

　メディアというのは，情報を運ぶものを指します。ですから，本やパンフレット，新聞など印刷されたものもテレビやラジオもコンピュータもメディアです。司書教諭の資格をとる5科目の中に「メディアの構成」「メディアの活用」という科目が含まれていることからも，学校図書館が単に，本など印刷物を置く場所ではないことがわかります。学校司書も本を手渡すだけではなく，コンピュータでの検索も求められています。

　では，なぜ学校図書館に，このような機能が要求されているのでしょうか？　実は，これは，今，始まったことではなく，1953年（昭和28年）に制定された学校図書館法の中に定められているのです。第2条に「……図書，視聴覚教育の資料その他学校教育に必要な資料を収集し，整理し，及び保存し……」とあります。昭和28年制定なので文言に入っていませんが，現在は当然「その他」にインターネットが含まれます。

　また，現在は情報が満ちています。ひところは情報活用能力というと，コンピュータを使う力のように狭くとらえられていましたが，今は「情報リテラシー」という言葉で様々なメディアの特性を考えて使う力が求められています。例えば，最新情報はインターネットで検索し，画像やグラフも見て，本では目次や索引を利用してページをめくりながらじっくり内容を読んで，というように使いこなせるようにします。インターネットだけ，本だけではなく，両方を情報というようにとらえます。そして，自分の考えを持って発信できるようにしていきます。学校図書館にあるコンピュータは台数が少ないですから，コンピュータ室も学校図書館も情報を扱う場所という考え方に立って，担当者どうしで連携して，児童・生徒に能力をつけていきましょう。全国学校図書館協議会では「情報・メディアを活用する学び方の指導体系表」を作ってあります。

9章　学校図書館とコンピュータ

① 授業例　小学校5年生（酒々井町立酒々井小学校　指導・大高一穂教諭）
　―「未来の車社会を提案しよう」社会・総合―

　教科書で自動車工場について学習した後，学校図書館で自動車に関する本を調べました。次にコンピュータ室で調べる時間をとりました。本とコンピュータを利用して調べたことをもとにパンフレットを作ってまとめました。

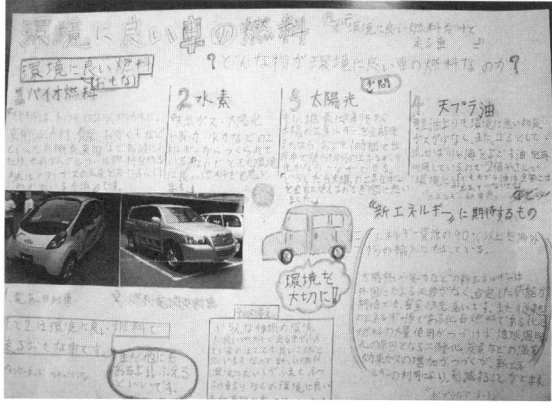

② 授業例　小学校5年生（柏市立酒井根西小学校　指導・古谷拓子教諭）
　―「地球が危ない！　エコを実行しよう」国語・社会・総合―

　各自でテーマを決めて，図書とコンピュータを利用して調べました。近隣の学校と公共図書館から借りた本を集めたコーナーを学年の廊下に作り，学校図書館では十進分類法，コンピュータ室では，絞り込み検索と引用の約束も学習しました。
　調べたことを，1人1人がプレゼンテーションソフトにまとめて，原稿も書きました。

写真は，コンピュータ室で，各自が作成したプレゼンの様子を，ビデオで録画しているところです。発表者は作文を読み，別の児童が画面の切り替えをしています。後で全員が録画を見て，よりよいプレゼンの方法を考えます。

インターネットを利用した調べ学習指導　留意点

- 指導者・司書教諭・学校司書が，事前に使えるサイトを検索しておく。
- インターネットで調べた情報を読んで，必要な部分をワープロ用紙に貼り付けさせる。
- いつ，どこが（誰が）発している情報なのかを確認して出典を記入させる。その中で，どこが引用でどこが自分の考えなのかが，はっきりするまとめ方を指導する。
- Web情報を印刷すると終了した気持ちになる児童・生徒がいるので，印刷したものをしっかり読んで，内容を理解できるようにさせる。

③　中学校・高校の活用例（桜丘中学・高等学校）

桜丘中学・高等学校には，MRC（メディア・リソース・センター）と名付けられた学校図書館があり，無線LANのノートパソコンが20台，デスクトップのパソコン10台が設置され，常時使うことができます。この環境を活用して，検索コンテスト（左写真）が実施されています。図書資料とインターネット上の資料の両方を使って解けるような問題を司書教諭の水上先生，情報担当の渋谷先生はじめ各教科の先生が作成するそうです。

中・高とも1年生は，2～3人のグループを作って授業中に予選を行います。2年生以上は有志で予選を戦い，予選を勝ち抜いたグループで決勝となります。「インターネットの検索だけでは答えにたどりつけないことが大事です」と副校長の品田先生が話されていました。

同校では，他に先駆けて早くからコンピュータを利用した学習に取り組んでいますが，渋谷先生は「目的は，コンピュータを使うことではなく，どうやったら正しい情報を得ることができるのか，考えて判断できる生徒にすることです。さらに，調べたことを，まとめ，伝え合う

MRC内のデスクトップのパソコンコーナー

9章　学校図書館とコンピュータ

ことができるようにする，このことが大切です」と指摘されていました。

下の写真は，高校1年生の情報の授業です。現代の情報に関する問題をグループ別に調べています〔指導　大竹正美先生，小宮晴美先生〕。冬休みに新聞を読んで，今，問題になっていることを調べてあり，この時間はさらに新聞のデータベースから必要な記事を検索し班ごとにそのリストを作成しているところです。この記事を参考にグループごとに話し合い，どのように解決していくか考えてから，プレゼンテーションソフトを利用して発表するとのことでした。

● コラム　情報モラル教育をすすめましょう

今やコンピュータは携帯電話とともに，生活上なくてはならないものになってきています。しかし，便利であると同時に困った問題も起きています。画像も音も簡単に入手できますから，それを違法にコピーして著作者，製作者に不利益を生じさせることです。

裏サイトと呼ばれるサイトでは，悪口，中傷を書き，いじめや暴力事件につながるようなことも起こっています。また，メールは情報手段として電話よりも子どもたちの中で頻繁に使われています。大人も携帯電話，コンピュータのメールは日常的に使うようになりました。身近な人に「メールでいやな思いをしたことない？」と聞いてみてください。またご自分の経験を振り返ってください。少なからぬ例が出てきます。画面から発せられるメールの文字は，会話や手書きの文字とは違う迫力で心を傷つけます。

このような事態はなぜ起こるのでしょうか？　それは他者への思いやりの欠如から生じています。コンピュータや携帯電話という機械の向こうには，心を持った人がいるのだという認識が不足しているのではないかと考えます。作品を作った人の苦労や努力に思いを馳せることも必要です。これは本を含めた印刷物にも共通することです。サイトを見たりメールを受け取ったりした人に対する心遣いはどのくらいあったでしょうか？

この対策として，情報モラル教育を学校で計画的に進める必要があります。便利だからと何でもコピーをしてはいけないことを教えましょう。メールをもらってうれしかったこと，悲しかったことを話し合わせてはいかがでしょう。

掲出図書一覧

1章
- 「ピーターラビットの絵本」1〜21　ビアトリクス・ポター　（福音館）
- 『日本十進分類法』　もり　きよし原編　（日本図書館協会）
- 『はたらきもののじょせつしゃけいてぃー』　バージニア・リー・バートン　（福音館）
- 『ちいさいおうち』　バージニア・リー・バートン　（岩波書店）
- 『名馬キャリコ』　バージニア・リー・バートン　（岩波書店）
- 『マイク・マリガンとスチーム・ショベル』　バージニア・リー・バートン　（福音館）
- 『いたずらきかんしゃちゅうちゅう』　バージニア・リー・バートン　（福音館）
- 『ぐりとぐら』　なかがわりえこ　（福音館）
- 『エルマーのぼうけん』　ルース・スタイルス・ガネット　（福音館）
- 『はらぺこあおむし』　エリック・カール　（偕成社）
- 『ルピナスさん』　バーバラ・クーニー　（ほるぷ出版）

2章
- 『朝日ジュニア百科年鑑』（朝日新聞社）
- 『日本のすがた』（国勢社）
- 『日本国勢図会』（国勢社）
- 『世界国勢図会』（国勢社）
- 「対訳サザエさん」　長谷川町子　ジュールス・ヤング訳　（講談社インターナショナル）
- 「はだしのゲン」　中沢啓治　（汐文社）
- 「どんぐりの家」　山本おさむ　（小学館）
- 「ピーナッツブック フィーチャリング スヌーピー」　チャールズ・M・シュルツ　（角川書店）
- 「火の鳥」　手塚治虫　（角川書店）
- 「新訂版 学研の英語ずかん」　羽鳥博愛監修　（学習研究社）
- 「学校の怪談」　学校の怪談編集委員会　（ポプラ社）
- 「ほうれんそうマンとかいけつゾロリシリーズ」　原ゆたか　（ポプラ社）
- 「かいぞくポケット」　寺村輝夫　（あかね書房）
- 「わかったさんのおかしシリーズ」　寺村輝夫　（あかね書房）
- 「おはなしりょうりきょうしつ」　寺村輝夫　（あかね書房）
- 「モンスター・ホテルシリーズ」　柏葉幸子　（小峰書店）
- 「寺村輝夫 王さまの本」　寺村輝夫　（理論社）
- 「ズッコケ三人組シリーズ」　那須正幹　（ポプラ社）
- 「おはなしちびまる子ちゃん」　さくらももこ　（集英社）
- 「パスワードシリーズ」（講談社）
- 「怪盗ルパン」（ポプラ社）
- 「シャーロック・ホームズ全集」（偕成社）

掲出図書一覧

- 「少年探偵・江戸川乱歩」（ポプラ社）
- 『プンクマインチャ』 秋野亥左牟 （福音館）

3章

月ごとの行事の本　☆次のような本があります
- 「きょうはなんの日？」 次山信夫監修 （ポプラ社）
- 「新版 学習に役立つものしり事典365日」 谷川健一　根本順吉監修 （小峰書店）
- 「日本の年中行事百科」 岩井宏實監修 （河出書房新社）

4章

- 『旅の絵本』 安野光雅 （福音館）
- 『かさ』 太田大八 （文研出版）
- 『魔法のカクテル』 ミヒャエル・エンデ （岩波書店）
- 『魔女ジェニファとわたし』 エレイン・ローブル・カニグズバーグ （岩波書店）

5章

- 『ぐりとぐら』 なかがわりえこ （福音館）
- 『はたらきもののじょせつしゃけいてぃー』 バージニア・リー・バートン （福音館）
- 『しょうぼうじどうしゃじぷた』 渡辺茂男 （福音館）
- 『ありこのおつかい』 石井桃子 （福音館）
- 『ロボット・カミイ』 古田足日 （福音館）
- 『すべるぞすべるぞどこまでも』 カトリオナ・スミス/レイ・スミス （ほるぷ出版）
- 『あおくんときいろちゃん』 レオ・レオニ （至光社）
- 「ぼだいじゅの足のくま」『世界のむかしばなし』より 渡辺節子他 （講談社）
- 『ラチとらいおん』 マレーク・ベロニカ （福音館）
- 『まっくろネリノ』 ヘルガ・ガルラー （偕成社）
- 『エパミナンダス』 （東京子ども図書館）
- 『あな』 谷川俊太郎 （福音館）
- 『とりかえっこ』 さとうわきこ （ポプラ社）
- 『すてきな三人組』 トミー・ウンゲラー （偕成社）
- 『ちのはなし』 堀内誠一 （福音館）
- 『あくまとパンのかけら』 内田莉莎子 （福音館）
- 『エルマーのぼうけん』 ルース・スタイルス・ガネット （福音館）
- 『エルマーと16ぴきのりゅう』 ルース・スタイルス・ガネット （福音館）
- 『世界の子どもたち10：ネパール』 渡辺眸 （偕成社）
- 『やさいのおなか』 きうちかつ （福音館）
- 『おさるのまいにち』 いとうひろし （講談社）
- 『ジャイアント・ジャム・サンド』 ジョン・ヴァーノン・ロード （アリス館）
- 『おおきな木』 シェル・シルヴァスタイン （篠崎書林）
- 『よかったねネッドくん』 レミー・チャーリップ （偕成社）
- 『番ねずみのヤカちゃん』 リチャード・ウィルバー （福音館）

- 『ふたりはともだち』 アーノルド・ローベル （文化出版局）
- 『ゼラルダと人喰い鬼』 トミー・ウンゲラー （評論社）
- 『ぽとんぽとんはなんのおと』 神沢利子 （福音館）
- 『ふゆめがっしょうだん』 長　新太　茂木　透写真 （福音館）
- 『おおはくちょうのそら』 手島圭三郎 （ベネッセコーポレーション）
- 「かしこいモリー」『エパミナンダス』より （東京子ども図書館）
- 『ティッチ』 パット・ハッチンス （福音館）
- 『ざりがに』 吉崎正巳 （福音館）
- 『はははのはなし』 加古里子 （福音館）
- 『ゴムあたまポンたろう』 長　新太 （童心社）
- 『ボールのまじゅつしウィリー』 アンソニー・ブラウン （評論社）
- 『すいかのたね』 さとうわきこ （福音館）
- 『せんたくかあちゃん』 さとうわきこ （福音館）
- 「ねずみとかぜ」『とうさんおはなしして』より　アーノルド・ローベル （文化出版局）
- 『サーカスのライオン』 川村たかし （ポプラ社）
- 『おさるはおさる』 いとうひろし （講談社）
- 『スーホの白い馬』 大塚勇三 （福音館）
- 『ぽっぺん先生のどうぶつ日記② ギンギラかいじゅう』 舟崎克彦 （筑摩書房）
- 『おひさま』月刊誌 （小学館）
- 『大きなポケット』月刊誌 （福音館）
- 『おおきくなあれひよこのチェスター』 ジェーン・バートン （こぐま社）
- 『モズのなかまたち』 日本野鳥の会 （あすなろ書房）
- 『やませみのこそだて』 林　大作 （偕成社）
- 『であうふれあうみぢかな動物たち』 福生　武 （筑摩書房）
- 『動物のおやこ』 今泉吉治 （小学館）
- 『こいぬがうまれるよ』 ジョアンナ・コール （福音館）
- 『かいけつゾロリのテレビゲームききいっぱつ』 原ゆたか （ポプラ社）
- 『モンスター・ホテルでおめでとう』 柏葉幸子 （小峰書店）
- 『しまのないトラ』 斉藤　洋 （偕成社）
- 『すえっこメリーメリー』 ジョーン・ロビンソン （大日本図書）
- 『ミリー・モリー・マンデーのおはなし』 ジョイス・L・ブリスリー （福音館）
- 『やまなしもぎ』 平野　直 （福音館）
- 『ルピナスさん』 バーバラ・クーニー （ほるぷ出版）
- 『スイミー』 レオ・レオニ （好学社）
- 『太陽へとぶ矢』 J・マグダーモット （ほるぷ出版）
- 「熊の皮を着た男」『子どもに語るグリムの昔話1』 佐々梨代子　野村　滋訳 （こぐま社）
- 『赤い目のドラゴン』 リンドグレーン （岩波書店）
- 「ちいちゃいちいちゃい」『イギリスとアイルランドの昔話』より　石井桃子編・訳 （福音館）

掲出図書一覧

- 『じごくのそうべえ』 田島征彦 （童心社）
- 『魔女たちのあさ』 エドリアン・アダムズ （アリス館）
- 『月へいったまじゅつし』 クリスチーナ・トゥルスカ （評論社）
- 『だれもしらない大ニュース』 長　新太 （ほるぷ出版）
- 『天才エリちゃん金魚を食べた』 竹下龍之介 （岩崎書店）
- 『はれときどきぶた』 矢玉四郎 （岩崎書店）
- 『クリスマスの女の子』 ルーマ・ゴッテン （ベネッセコーポレーション）
- 『島ひきおに』 山下明生 （偕成社）
- 『まんじゅうこわい』 川端　誠 （クレヨンハウス）
- 『せかいのひとびと』 ピーター・スピアー （評論社）
- 『せかいのあいさつ』 長　新太 （福音館）
- 『ズッコケ三人組』 那須正幹 （ポプラ社）
- 「鳴いてはねるひばり」『子どもに語るグリムの昔話1』 佐々梨代子　野村滋訳 （こぐま社）
- 『ぼくのポチブルてき生活・2　もりにでがみをかいたらね』 きたやまようこ （偕成社）
- 『かぎばあさんへのひみつの手紙』 手島悠介 （岩崎書店）
- 『ヘンショーさんへの手紙』 ベバリー・クリアリー （あかね書房）
- 『足ながおじさん』 ウェブスター （集英社）
- 「手紙で友だち　北と南」『たくさんのふしぎ傑作集』 斎藤次郎 （福音館）
- 「注文の多い料理店」『絵本・日本の童話名作選』 宮沢賢治 （偕成社）
- 『さっちゃんのまほうの手』 たばたせいいち （偕成社）
- 『レーナ・マリア物語』 レーナ・マリア （金の星社）
- 『車いすからこんにちは』 嶋田泰子 （あかね書房）
- 『オラ，サヴァ，チェリオの地球冒険の旅』 おそどまきこ （自由国民社）
- 『だいくとおにろく』 松居　直再話 （福音館）
- 『読書で遊ぼうアニマシオン』 モンセラット・サルト （柏書房）
- 「王子とうえたとら」『少年少女世界の民話伝説　インド・アフリカのむかし話集』 山室　静 （偕成社）
- 「これはジャックのたてた家」『マザーグースのうた　第1集』より　谷川俊太郎訳 （草思社）
- 「わらぶき屋根の家」『おはなしおばさんの小道具』より　藤田浩子編 （一声社）
- 『からだっていいな』 山本直英 （童心社）
- 『砂漠となぞの壁画』 たかしよいち （国土社）
- 『しゃべる詩あそぶ詩きこえる詩』 はせみつこ編 （冨山房）
- 『がいこつはまほうつかい』 舟木玲子 （国土社）
- 『ライオンと魔女』 クライヴ・ステープルズ・ルイス （岩波書店）
- 『魔法のカクテル』 ミヒャエル・エンデ （岩波書店）
- 『魔女ジェニファとわたし』 エレイン・ローブル・カニグズバーグ （岩波書店）
- 『風にのってきたメアリー・ポピンズ』 パネラ・リンドン・トラヴァース （岩波書店）
- 『魔女がいっぱい』 ロアルド・ダール （評論社）
- 『くもの糸』 芥川竜之介 （あかね書房）

- 『自分を好きになる本』 パット・パルマー （径書房）
- 『ハンサムガール』 佐藤多佳子 （理論社）
- 『おれがあいつであいつがおれで』 山中　恒 （旺文社）
- 『精霊の守人』 上橋菜穂子 （偕成社）
- 『他人どんぶり』 あかねるつ （講談社）
- 『六年四組ズッコケ一家』 山中　恒 （理論社）
- 『あなたがまもるあなたの心 あなたのからだ』 森田ゆり （童話館出版）
- 『杉原千畝物語―命のビザをありがとう』 杉原幸子・杉原弘樹 （金の星社）
- 『かさをささないシランさん』 谷川俊太郎 （理論社）
- 『100まんびきのねこ』 ワンダ・ガーグ （福音館）
- 集団読書テキスト『よだかの星』，『王さまびっくり』，『かっぱのめだま』，『太郎コオロギ』 （全国学校図書館協議会）
　　１話で１冊にしてある冊子の形の本です。20冊がセットで１箱に入っています。
　　全員分用意して，１人１冊ずつ手渡して読むようにします。

紙芝居
- 『おともだちがほしい』 W・H・ハドソン （教育画劇）
- 『たからのげた』 石山　透 （NHKサービスセンター）
- 『ロボットカミイ』 古田足日 （童心社）
- 『いたずらぎつね』 桜井信夫 （童心社）
- 『蜘蛛の糸』 芥川竜之介 （ほるぷ出版）
- 『のばら』 小川未明 （童心社）

6章
- 「火の鳥」 手塚治虫 （角川書店）
- 「ほうれんそうマンとかいけつゾロリシリーズ」 原ゆたか （ポプラ社）
- 「ズッコケ三人組シリーズ」 那須正幹 （ポプラ社）
- 『おやゆびひめ』 えほん世界のおはなし （講談社）
- 『アルプスの少女ハイジ』 ヨハンナ・スピリ （徳間書店）
- 『ベートーベン』 ひのまどか （リブリオ出版）
- 『ちいちゃんのかげおくり』 あまんきみこ （あかね書房）

7章
- 「かぎばあさんシリーズ」 手島悠介 （岩崎書店）
- 「かいぞくポケット」 寺村輝夫 （あかね書房）

8章
- 『ジンゴ，ジャンゴの冒険旅行』 シド・フライシュマン （あかね書房）
- 『めざせ！　あこがれの仕事』 渡辺三枝子監修 （ポプラ社）
- 『MOE』 （白泉社）

9章
- 『ルドルフとイッパイアッテナ』 斉藤　洋 （講談社）

索　引

●あ行

朝読書	87
インターネット検索	8
インターネット情報	128
絵本	13
OPAC	8, 130
お話の部屋	14
オリエンテーション	17, 19, 60, 87, 88

●か行

学校司書	1, 2, 3, 7, 13, 18, 19, 20, 40, 43, 44
紙しばい	71
寄贈	24, 39
寄贈本	104, 113
キャリア教育	118
教育目標	3
グリーン	21
研修	33, 35
公共図書館	28, 30, 34, 35, 38, 41, 42, 113
コンピュータ	11, 18, 20, 113, 124〜132

●さ行

サイン	16
司書教諭	1, 2, 3, 7, 18, 40, 42, 43
集団読書	67, 81
修理	7, 12, 22, 104
情報リテラシー	3, 130
書架整理	95, 121
書棚	14
新着図書展示会	99
新聞	26, 34, 85
図鑑	38, 47
ストーリーテリング	14, 68
背文字	13
蔵書管理	17
蔵書点検	25, 60, 129

●た行

著作権	126
手遊び	71, 72
T・T	3, 40, 44, 69, 70
展示コーナー	9, 14, 22, 106
展示用イーゼル	14, 20, 96
読書の秋	74
読書郵便	19
読書力	3, 65
図書委員	9, 10, 14, 17, 18, 60, 87, 91〜101
図書委員会	42, 43, 91, 93, 96, 100
図書館だより	107, 128
図書クイズ	19, 97, 107
図書主任	1, 2
図書紹介	97
図書費	36

●な行

日本十進分類法	13〜16, 18, 102

年間計画	63

● は行

バーコード	129
配架	10
廃棄	9, 10, 11
配当時間	62
発注リスト	38
パネルシアター	77, 100, 101
パンフレット	123
百科事典	26, 46
ファイルコーナー	26
ファイル資料	46, 85, 86
フェイスアウト	20
ブックトーク	33, 68, 74, 89
ブックトラック	20
文庫活動	65, 101
返却ボックス	20
保護者ボランティア	18
ボランティア	1, 3, 4, 14, 17, 101〜105

● ま行

面出し	20

● や行

読み聞かせ	32, 66, 105
予約	60

● ら行

ラベル	15, 16
リクエスト	60
リストの例	127
レイアウト	8, 15
レファレンス（照会）サービス	7

おわりに

　『子どもが生き生きする学校図書館づくり』の初版を出してから，6年たちました。図書主任として，学校司書として経験してきたことを他の方にも使ってもらえたら，と思って初版を書きました。おかげさまで，多くの学校図書館で使っていただけました。さらに，この本が縁で学校図書館関係者の方々と出会えたことも，大きくプラスになり，実践例も蓄積されてきました。世の中の動きと合わせて学校図書館も情報化が進み，貸出業務や検索，レファレンスなどにコンピュータが使われるようになりました。そこで，新たに学校図書館とコンピュータに関する実践を9章として加え，写真等も替えました。

　学校図書館法が改正され，司書教諭の配置が義務付けられました。学習指導要領では学校図書館の重要性が盛り込まれています。子どもの読書推進法，文字活字文化振興法，と，次々に図書に関する法律が制定されてきています。

　では，学校現場ではどうでしょうか？　学校図書館の本は分類して置かれていますか？　子どもたちを学校図書館に連れていって，「好きな本を読みなさい」と言って，その間にテストの採点をして，指導をしない先生はいませんか？　私が初めてうかがう学校の中には，本を借りる手続きを知らない児童・生徒がいます。各教科，学校図書館を活用した授業が年間計画の中で位置づけられていますか？　学校司書を雇用している教育委員会では，何をしたらよいのか指示せず，その人任せにしているケースもあります。学校司書によっては孤立して何をしていいかわからない人もいます。図書ボランティアの方も，気持ちはあっても何からしていいのかわからず困っている場合もあります。

　このような状況に対して教育委員会には，指導力が求められています。指導主事に協力する学校図書館専門の職員を雇う市もあります。学校現場では，まず実践をしていかなければいけません。その実践は地域で共有していきましょう。これからの学校図書館は，各学校だけで運営するのではなく，連携していかなければいけません。公共図書館，学校が協力して図書などを貸し借りすること，市町村内で共通する運営マニュアルを持つこと，ボランティアの方に上手に支援していただくことなどです。また，読み物を貸すだけではなく，インターネットも含めた情報を提供して，学習を支援していくことが今まで以上に必要とされています。みんなで協力して，より良い学校図書館をつくっていきましょう。

　追記した9章は，和田俊彦先生（千葉県柏市教育委員会　学校教育部教育研究所指導主事）にご指導いただいて書きました。ありがとうございました。また，写真を使わせていただいた学校，柏市学校図書館指導員の皆様，改訂版を出版していただきました黎明書房の武馬久仁裕様，担当の都築康予様に深く感謝申し上げます。

2008年3月吉日　　　　　　　　　　　　　　　　　　　　　　　　　　　　渡辺暢恵

著者紹介

渡辺暢恵

1959年生まれ。東京学芸大学国語科卒業。小学校教諭在任中図書主任となり，学校図書館司書教諭資格取得後，学校司書として小学校8校，中学校2校に勤務。筑波大学大学院図書館情報メディア研究科修士課程修了。

〈現在〉
東京学芸大学非常勤講師。
学校図書館づくり支援や研修会の講師等活動中。
筑波大学大学院図書館情報メディア研究科博士後期課程在籍。

〈著書〉
『子どもと一緒に進める学校図書館の活動と展示・提示12カ月』
『子どもの読書力を育てる学校図書館活用法』
『いますぐ活用できる学校図書館づくりQ＆A72』いずれも黎明書房
『豊かな人間性を育てる読書活動と図書館の活用』（分担執筆）明治図書

〈連絡先〉
〒260-0027　千葉県千葉市中央区新田町39－31－1305
Tel　043－245－7197
E-mail：nobue-w@amber.plala.or.jp
＊学校図書館のつくり方，ボランティアの方法，読み聞かせなどアドバイスします。
　上記のメールアドレスまでお問い合わせください。

●本文イラスト　中村美保

改訂版　子どもが生き生きする学校図書館づくり

2008年6月25日　初版発行
2010年6月15日　3刷発行

著　者　　渡　辺　暢　恵
発行者　　武　馬　久仁裕
印　刷　　株式会社　太洋社
製　本　　株式会社　太洋社

発　行　所　　　　　　株式会社　黎　明　書　房

〒460-0002　名古屋市中区丸の内3-6-27　EBSビル　☎052-962-3045
　　　　　　FAX052-951-9065　振替・00880-1-59001
〒101-0051　東京連絡所・千代田区神田神保町1-32-2　南部ビル302号
　　　　　　☎03-3268-3470

落丁本・乱丁本はお取替します　　　　　ISBN978-4-654-01799-7
　　Ⓒ N. Watanabe 2008, Printed in Japan

いますぐ活用できる **学校図書館づくりQ&A 72** B5・107頁（カラー口絵2頁）　2800円	渡辺暢恵著　付・CD-ROM「イラスト＆学校図書館用プリント集」／司書教諭，学校司書，学校図書館ボランティア，教育委員会等の切実な疑問，悩みに明快に答えた関係者必携の書。
子どもと一緒に進める **学校図書館の 活動と展示・掲示 12カ月** B5・106頁（カラー口絵4頁）　2600円	渡辺暢恵著　コピーしてできる資料と型紙付き／児童・生徒の興味を引き出し，手にとる本の幅が広がる図書館の展示や掲示と，一年間の活動を紹介。
子どもの読書力を育てる **学校図書館活用法〈1年〜6年〉** B5・119頁　2200円	渡辺暢恵著　コピーして使えるワークシート付き／一つのテーマにそった本を，クラス全員で読む授業を展開する「テーマのある読書の時間」の進め方を学年別に紹介。
行った人も行かない人も面白い **世界遺産クイズBEST 65** A5・142頁　1700円	石田泰照著　世界中の人々が訪れるユネスコの世界遺産の内，日本人が興味や関心のあるもの65を3択式クイズで紹介。世界遺産の歴史的背景や豆知識などもたっぷり解説。
知っているときっと役に立つ **日本史人物クイズ112** A5・126頁　1500円	石田泰照・町田槌男著　日本史に登場する女性25人，外国人10人を含む112人の意外な事実やあっと驚くことなどを3択式クイズで学ぶ。興味深い一行知識付き。
増補・コピーして使える **楽しい漢字クイズ＆パズル＆ゲーム** B5・120頁　1600円	杉浦重成・神吉創二著　遊びながら漢字が覚えられ，どんどん興味がわいてくる1年〜6年までの49題に，発展学習に最適な各学年の「パワーアップ問題」をプラス。
知っているときっと役に立つ **難読漢字クイズ104** A5・126頁　1500円	杉浦重成他著　春の七草や二十四節気，動植物の名前，衣食住や歴史・地理に関する言葉，俳句や文学の言葉など，知っていてもなかなか読めない難読漢字の読みや由来が学べる104問。
子どもの喜ぶ **国語クイズ＆パズル＆ゲーム** （全3巻） A5・159〜171頁　各1700円	田中清之助他著　低学年・中学年・高学年／慶應幼稚舎教諭陣による，楽しみながら力がつく国語のクイズ・パズル・ゲームを各巻35〜44紹介。改版・大判化。
基礎学力を養う **算数クイズ＆パズル＆ゲーム** （全3巻） A5・179〜183頁　各1700円	中山理他著　低学年・中学年・高学年／楽しみながら，算数の基礎が理解でき，数学的な思考力が身につく。『子どもの喜ぶ算数クイズ＆パズル＆ゲーム（全3巻）』改題・改版。

※表示価格は本体価格です。別途消費税がかかります。

小学校の壁面構成 12ヵ月
―四季の自然・年中行事・特別教室
B5・96頁（内カラー32頁）　2200円

北山緑著　愛鳥週間，虫歯予防デー，社会見学などの行事や保健室，図書室，音楽室ほか，特別教室の壁面構成をカラーで紹介。つくり方はイラストで詳説。一部型紙付き。

コピーしてすぐ飾れる
保健の壁面クイズ BEST 88
B5・95頁　1800円

久住加代子著　健康と身体に関する知識が身につく，コピーして切って貼るだけの壁面クイズ88問を収録。熱が出るのはなぜ？／出血しても止まるのはなぜ？／他。

子どもと対話ですすめる
15分間保健指導 21
＆わくわくアイディア教材
B5・110頁（カラー口絵7頁）　2600円

久住加代子著　楽しい手づくり教材を使った「朝ごはんを食べよう」「男の子・女の子の二次性徴」など，21の保健指導を先生と子どもの対話形式で紹介。手づくり教材の型紙付き。

小学校・全員参加の
楽しい学級劇・学年劇脚本集
（全3巻）
B5・224～230頁　各2900円

小川信夫・滝井純監修　日本児童劇作の会編著　低学年・中学年・高学年／歴史劇，表現遊び，ミュージカル，人形劇，英語劇など，学級・学年全員が出演できる書き下ろし作品を紹介。

ゲーム感覚で学ぼう
コミュニケーションスキル
―小学生から
A5・97頁　1600円

田中和代著　指導者ハンドブック①　初対面の人同士が親しくなれるゲームや，爽やかに自己主張するアサーショントレーニングなど，簡単で効果のあるもの31を紹介。指導案付き。

子どももお年寄りも楽しめる
ホワイトボード・シアター 桃太郎
―解説書・磁石付き
B4・ケース入り　5500円

田中和代作・構成　切り抜いて磁石を貼るだけですぐに使えるカラーの絵人形と解説書（脚本），掲示用の「桃太郎」の歌詞をセットに。ホワイトボードにつけて今すぐ上演！

教師のための時間術
四六・128頁　1400円

長瀬拓也著　毎日仕事に追われ，学級経営や授業に悩む先生方必読！　時間の有効活用法をあみだし，仕事に追われる日々から自らを解放した著者の時間術を全面公開。帰る時間を決める／他。

教師のための整理術
四六・125頁　1400円

長瀬拓也著　学級づくりのための整理術，授業づくりのための整理術，実践や考えの整理術，ファイルやノートの整理術など，様々な点を見直し仕事をしやすくする，教師のための整理術を紹介。

親子でパワーアップ版
家読で楽しむ 学習クイズ＆なぞなぞ 86
B6・95頁　1200円

石田泰照・三宅輝聡著　親子で同じ本を読み，本好きの子を育てる「家読(うちどく)」にぴったりの，学習クイズと楽しいなぞなぞ。『考える力を楽しく育てるなぞなぞ＆学習クイズ85』を親子向けに改訂。

※表示価格は本体価格です。別途消費税がかかります。